JN085863

臨床心理フロンティア

Frontier

公認心理師のための

「心理支援」

講　義

HARUHIKO SHIMOYAMA
監 修 下山晴彦／編 著[講義]

HARUHIKO SHIMOYAMA AYAKO KOHORI　HIROAKI KUMANO　EIICHI KAMIMURA
下山晴彦・小堀彩子・熊野宏昭・神村栄一

JUN MIYAGAWA
編集協力[講義メモ＆確認問題] 宮川 純

本書の講義動画をこちら
からご覧いただけます。

北大路書房

「臨床心理フロンティア」は，**講義動画**と組み合わせて**現代臨床心理学**の最重要テーマを学ぶ画期的なテキストシリーズです。しかも，本書は，単に動画を学ぶためのテキストというだけでなく，下記のように読者の学習を支援するユニークな工夫がされています。

> ①いずれの講義でもその領域の重要語を解説する「**講義メモ**」がついているので，初学者でも安心して学習を深めることができます。
> ②講義の終わりには「**確認問題**」がついているので，ご自身の習得度をチェックでき，試験対策としても活用できます。
> ③巻末には関連する法律を掲載するなど，テーマごとに専門活動を深めるための**付録**がついているので，現場の心理職の専門技能の強化にも役立ちます。

　したがって，本シリーズの読者は，本書を活用することで，日本を代表する現代臨床心理学のエキスパートの，密度の濃い講義を視聴し，そこで解説される最新の知識と技法を的確に習得し，専門性を高めることができます。

　日本の心理職は，公認心理師法施行によって，新たな地平（**フロンティア**）に大きな一歩を踏み出しました。そして，国家資格をもつ専門職として，国民のニーズに責任をもって応えていくために，臨床心理学の最新の知識と技能を実践できることが義務となりました。これから公認心理師を目指す人はもちろん，これまでメンタルヘルス活動を実践してきた心理職も，現代臨床心理学を改めて学ぶことが必要となっています。

　幸いなことに，現代臨床心理学の最重要テーマについては，臨床心理 iNEXT が e-ラーニング教材として講義動画プログラム「臨床心理フロンティア」を公開しています。本シリーズは，この臨床心理フロンティア動画の講義ノートとして作成されたものです。

　もちろん本シリーズの書籍は，テキストを読むだけでも，最先端（**フロンティア**）の現代臨床心理学を学ぶことができます。しかし，臨床心理フロンティアの講義動画を視聴したうえで，本書を活用することで，知識と技能の習得度は飛躍的に高まります。本書では，各講義における重要語句を**太字**で示すとともに，要点となる箇所には下線（点線）を引いて強調してあります。ですので，読者は，注意を集中すべきポイントを押さえながら講義を聴くことができます。

　なお，臨床心理フロンティアの講義動画の視聴には申請が必要です。

申請サイト　https://cpnext.pro/

申請できる条件

　［心理職］公認心理師，臨床心理士，臨床心理 iNEXT 会員

　［心理職を目指す方］公認心理師や臨床心理士といった心理職になることに関心がある人

　上記条件を満たす方は，申請サイトの「フロンティア会員登録」のボタンをクリックし，臨床心理 iNEXT の会員登録の申請をしてください。登録が完了した場合，番組を無料で視聴できます。なお，臨床心理 iNEXT の会員登録の申請受付は，2020 年 4 月からです。

　本シリーズは，臨床心理フロンティアの主要な講義動画をカバーできるように，順次書籍を出版していきます。シリーズテキストは，いずれも公認心理師の養成カリキュラムや国家試験にも対応する内容となっています。多くの皆様が本シリーズをとおして現代臨床心理学を学び，心理職としての専門性を高めていくことを祈念しております。

シリーズ監修　　下山　晴彦

序　文

　本書は，心理職の専門性の中核となる「心理支援」技能を解説した実践テキストです。しかし，類書にあるような，単に心理療法の理論と技法を説明している一般的な教科書ではありません。有効性が実証されている心理支援技法である認知行動療法を臨床現場で有効に活用するためには，どのような技能をどのように用いればよいのかを具体的に解説しているきわめて実践的なガイドブックなのです。

　読者は，本書をとおして臨床現場の最前線において，どのように心理支援が実践されているのかを体験的に知ることができます。したがって，本書は，臨床現場で有効な心理支援を実践するための専門的な技能研修のテキストとして活用できます。実習に出る前の大学院修士課程において，現場で通用する専門技能とは何かを学ぶためには格好の教材です。また，すでに現場で働いている心理職にとっては，認知行動療法の発展的な活用法を学び，自らの活動の専門性を磨き，活動の幅を広げるための指南書になります。

　本書がきわめて実践的なガイドブックである理由は，次の3点にあります。

①アセスメント情報からケース・フォーミュレーションを形成して介入方針を組み立て，実際に介入していくための認知行動療法の使い方を具体的に解説している。

②学校や病院といった臨床現場において，関係者や他職種との連携を含めた総合的な心理支援を実践する方法を解説している。

③問題を総合的に理解し，コミュニティにおいてクライエントや関係者と協働して問題解決に取り組む包括的な介入プロセスを，具体的な問題や事例を題材として解説している。

　最後に本書の心理職の専門性学習の位置づけについて説明しておきます。これまでに，本「臨床心理フロンティアシリーズ」（北大路書房）は，3冊が出版されています。心理職になることを目指す場合，まず『公認心理師のための「基礎科目」講義』によって，専門性の基盤を習得します。次に心理職になる道を歩み始めた人は，『公認心理のための「心理査定」講義』によって，心理実践の基本となるアセスメント技能を習得します。そして，『公認心理師のための「発達障害」講義』によって，多くの心理的問題の形成と深くかかわっている発達障害のアセスメントと支援の学習を深めます。

　そのうえで，臨床現場において活躍できる心理職としての実力を養うために，本書によって心理支援の専門技能を磨いていきます。なお，本書の内容は，認知行動療法の基本を習得していない人が読みこなすには，やや専門性が高いものとなっています。そこで，まずは，本書と同様に臨床心理フロンティアの動画学習が可能な「臨床心理フロンティアシリーズ　認知行動療法入門」（講談社）を参考にすることをお勧めします。

下山　晴彦

PART 2 　認知行動療法を活用したスクールカウンセリングの展開

PART 3　医療で認知行動療法を活用するために

PART 4　認知行動療法の実践的理解と介入の工夫

PART 1

子どものための認知行動療法の
基本を学ぶ

認知行動療法の経験がない心理
職，あるいは成人対象の認知行
動療法しか経験がない臨床心理
職が子どもや若者に認知行動療
法を適用する際のポイントを解
説します。

▌講 義

下山晴彦
跡見学園女子大学心理学部　教授

0 はじめに： 講義の概略

1. 子どもの認知行動療法

　担当の下山です。よろしくお願いいたします。本講義では，子どもの認知行動療法（Cognitive Behavioral Therapy）の基礎について学んでいきたいと思います。まず，講義の概略を述べる前に，今なぜ，子どもの認知行動療法に注目すべきかを考えてみましょう。

　日本では，子どもの心理支援の方法といえば多くの場合，遊戯療法[01]や箱庭療法[02]を用いる傾向がありました。しかし，遊戯療法は，学校における子どもの心理支援にどれくらい役に立っているのでしょうか。今，非常に注目をされている発達障害の子どもの心理支援に，遊戯療法や箱庭療法は本当に有効なのでしょうか。また，有効性が実証されている認知行動療法のような方法を導入する妨げになってはいないでしょうか。

　遊戯療法や箱庭療法が有効な方法であることは確かですけども，あえて問題点を探るならば，それはどのようなことかを考え

てみたいと思います。

2. 遊戯療法・箱庭療法の問題点

　遊戯療法や箱庭療法の問題点を考えてみましょう。

1. プレイルームの枠組み（治療構造）を前提
2. 遊ぶこと自体の成長促進機能を前提
3. 子どもの主体性の尊重
4. 子どもの自己実現能力への信頼
5. 子どもの（無意識やイメージ）表現の受容

　支援の枠組みのことを**治療構造**[03]と言います。遊戯療法では，治療構造としてプレイルームの枠組みの存在が大前提になっています。そのことによって，現実生活からの遊離が起こっています。そのため，プレイルームの枠組みの中だけに注目して，家庭や学校の中で対処しなければならない問題を回避してしまっていることがあります。プレイルームの外にある現実生活（家族や学校）に介入しなければならない場面を「プレイルームに来ているから，いいじゃないか」「箱庭やってるからいいじゃないか」ということで，軽視してしまう可能性があります。

　また，遊戯療法では，遊ぶこと自体の成長促進機能が前提とされていますが，**自閉スペクトラム症（ASD）**[04]の子どもたちは，自由に遊ぶことが苦手という問題をもっています。さらに，**ADHD**[05]のように衝動性

 講義メモ

01 遊戯療法　精神分析を理論的背景にもつ，子どもを対象とした心理療法。言語の代わりに遊びを媒介にすることが最大の特徴と言える。
　子どもが安全に遊びに没頭できるプレイルーム（遊戯療法室）でセラピストと遊ぶことで治療が行なわれる。セラピストとの治療的人間関係の中で，非言語的表現による自己洞察を行ない，自己像を肯定的に変容させていく。
02 箱庭療法　ユング派セラピストのカルフ（Kalff, D.）が，分析心理学理論を適用し，新たな心理療法として確立したもの。砂を入れた 57×72×7cm の木箱と多種の玩具（人・動物・木・建物など）が用意される。安全に守られた環境で箱庭を作ることで，クライエントは内面を表現でき，自己治癒力が発揮されるという。子どもから大人まで適用可能な心理療法である。

や自己中心性が強い子どもたちに対しては，遊戯療法が重視する主体性が，衝動性を助長してしまう危険性もあります。

　それから，遊戯療法や箱庭療法では，子どもの自己実現能力への信頼が重視されているが故に「問題の所在」をしっかり見ないで対応をしてしまう可能性があります。心理専門職としてしっかり子どもを**アセスメント**[06]をし，介入方針を定め，環境を作っていくというリーダーシップが欠如してしまっている可能性が考えられます。

　最後に，子どもの無意識やイメージを受容することが重視されるわけですけども，不用意な表現によって，不安や混乱を助長してしまう危険性もあります。こういうことを頭に入れて，今回は子どもの認知行動療法を考えてみたいと思います。

3. 子どもの認知行動療法のエビデンス

　子どもの認知行動療法は2000年前後から，欧米でさまざまなエビデンスが出てきています。

　ただ役に立つというのではなくて，それぞれの障害にそれぞれの方法が提案され，その有効性が出ています。欧米の子どもの心理支援は認知行動療法が中心になっていてその有効性は**メタ分析**[07]ではっきりしています。日本でも関連の書籍の翻訳（「子どもと若者のための認知行動療法」シリーズ（全3巻）スタラード／下山・松丸（監訳），2020a，2020b；下山（監訳），2022；「子どもと家

族の認知行動療法」シリーズ（全5巻）ヴァーダイン・ロジャーズ・ウッド，2013；スタラード，2013；スミス他，2013；スタラード・グリーン，2013；ウェイト・ウィリアムズ，2013，いずれも下山（監訳））がなされ，広がりつつあります。

　しかし，先ほど申し上げましたように，日本においては遊戯療法や箱庭療法が非常に広がっているために，かえって導入が遅れてしまっているということがあります。

4. 本講義で伝えたいこと

　日本には，遊戯療法や箱庭療法を学び，実践してきた心理職の方が多くおられると思います。そのような方に対してぜひ，子どもの認知行動療法を実践するための発想の転換をしていただきたいと思っています。子どもの認知行動療法は決して難しいわけではなく，遊戯療法や箱庭療法を学んできた経験が十分に活かせるものです。ただ一つ重要なことは「発想を転換する」ということです。この点については，後から[08]改めて述べたいと思います。

　これから子どもの認知行動療法を実践する心理職に対しては，子どもの認知行動療法を実践するための基本的な態度，知識，技法について伝えたいと思います。それから，環境（家族や学校）への介入と子どもの認知行動療法を組み合わせる枠組みがどのようなものかについても，ぜひ共有していきたいと思います。

宮川 純（河合塾KALS講師）

03 治療構造　面接の開始にあたって心理職とクライエントとの間に設定される一定のルール（枠組み）のこと。面接を行なう曜日や時間に関する「時間の枠」や，面接を行なう場所を限定する「場所の枠」などがあげられる。
04 自閉スペクトラム症　コミュニケーションの困難さとこだわりの強さを主な特徴とする，代表的な発達障害の一つ。
05 ADHD　注意欠如・多動症。不注意と多動性・衝動性を主な特徴とする，代表的な発達障害の一つ。
06 アセスメント　観察や面接，場合によっては心理検査などを用いて，クライエントの全体像を理解しようとする過程のこと。
07 メタ分析　複数の論文を統計的に集計し，効果を見いだそうとする方法のこと。
08 本講義「2　認知行動療法の基本を確認する」を参照。

さらに，遊戯療法やイメージ技法を，子どもの認知行動療法に活用する枠組み，あるいは視点についても触れたいと思っています。遊戯療法や箱庭療法が役に立たないということではないのです。大切なのは，遊戯療法や箱庭療法を認知行動療法の枠組みに，どのように組み込んでいくかであり，そのような視点も含めて，お伝えできたらと思っています。

本講義の内容は，以下のとおりです。

1.　子どもの認知行動療法とは何か
2.　認知行動療法の基本を確認する
3.　子どもの認知行動療法の実践ポイント
4.　アセスメントのポイント

5.　介入の組み立て方

まず子どもの認知行動療法とは何かということを見ていきます。次に，認知行動療法の基本を確認し，子どもの認知行動療法の実践ポイントを見ていきましょう。続けてアセスメントのポイント，問題の成り立ちを把握するということを見て，最後に介入の組み立て方について見ていきます。

本講義では子どもの認知行動療法で用いられる個々の技法については具体的には触れません。ここでは各技法よりも，子どもの認知行動療法を実践するうえで，全体としてどのような枠組みが必要なのか，という「考え方」を見ていただきたいと思っています。

1 子どもの認知行動療法とは何か

1 成人用の認知行動療法の構造

　子どもの認知行動療法とは何かを考えるにあたり，まず成人用の認知行動療法の構造を確認しておきたいと思います。成人用の認知行動療法の構造は，図 1-1 のような枠組みとなります。

　まず，問題についての心理教育をします。そして，思考のモニタリングをしながら，認知に介入します。考え方の誤りや偏りに気づき，認知を再構成して，適切な考え方を習得していきます。そのプロセスと並行して，感情や生理反応のモニタリングをして，感情をコントロールしていきます。同様に，行動のモニタリングをして，少しずつ**スモールステップ**[01] で行動を変える改善目標を立てて，その中で強化や報酬によって適切な行動を習得していきます。

 講義メモ

01 スモールステップ　最終的な目標行動までを数段階に細かく区切り，徐々に達成していくこと。

心理教育

認知
思考のモニタリング
・考え方の偏りや誤りに気づく
・考え方の見直しと認知再構成
・適切な考え方の習得

感情・生理
感情のモニタリング
・さまざまな感情（生理反応）に気づく
・感情をコントロールする

行動
行動のモニタリング
・改善目標を立てる
・楽しい行動計画を練る
・徐々にやってみる
・適切な行動の習得

強化と報酬

図 1-1　成人用の認知行動療法の構造

2　成人用の認知行動療法を子どもに適用する難しさ

ところが成人用の認知行動療法の構造は，子どもの認知行動療法として単純にあてはまるわけではありません。次のような難しさがあります。

> **ポイント1**　成人用の認知行動療法を子どもに適用する難しさ
>
> ・子どもは自己の活動（特に認知）のモニタリングが難しい
> ・子どもの問題意識と問題解決への動機づけが弱い
> ・問題が環境（家族／学校等）と複雑に絡み合っている
> 　▶発達障害関連ケースでは，特に上記傾向が強い
> 　▶特に日本のケースでは，上記傾向が前提となっている

　成人用の認知行動療法では，前述したようにモニタリングが中心になります。しかし，子どもの場合は，自己の活動のモニタリングは困難です。特に認知（自分の考え方）に関するモニタリングは困難です。小さい子どもになればなるほど難しいですし，発達障害をもっている子どもであれば，さらに難しいことになります。

　また，子どもは問題意識が薄く，それと関連して問題解決への動機づけが弱いということがあげられます。子どもが自分から「僕は人生苦しんだよ」といって相談に来ることは非常に少ないわけです。むしろ，いろいろな問題を起こして，周りが心配して連れてくることが多いのです。

僕の人生
苦しいんだよ

子どもの問題意識が
明確であるケースは稀

周りが心配して
連れてくるケースが多い

　子どもの問題は，家族や学校などの環境と複雑に絡み合っています。個人だけ取り上げて，個人の考え方を変えていくという認知行動療法の

枠組みだけでは，子どもの問題は簡単に解決しません。発達障害の関連ケースでは，特にこの傾向が強くなります。

　欧米は個人主義の国が多いので，まず自分で自分の問題について責任を取ってコントロールしなさいという教育を，小さい頃から受けています。ところが日本の子どもたちは，自我や個人の強さはあまり前提とされていないため，子どもはいろいろな状況の中で「いい子」[02]でいようとして，周囲に合わせています。そのため，問題が環境と結びついて，非常に複雑になっていることが多いのです。よって，外国の子どもたちに用いられている認知行動療法を，そのまま日本の子どもたちに適用することも難しくなります。

3　子どもの認知行動療法で必要なこと

　このような難しさをもつ日本の子どもたちに，どのように認知行動療法を構成したらよいかを検討していきたいと思います。

> **ポイント2　子どもの認知行動療法で必要なこと**
> ・子どもとの間で，自然で楽しいコミュニケーションをする
> ・動機づけを高める
> ・問題状況を明らかにし，共有する
> ・関係者（家族や教員等）の協力を得てチームで支援する

　結論から言いますと，子どもの認知行動療法で必要なことは，まず，子どもとの間で，自然で楽しいコミュニケーションをすることです。ここにおいて，日本で発展している箱庭療法やイメージ技法，描画法やスクイグル法[03]などはとても役に立ちますし，もちろん遊戯療法も役に立ちます。コミュニケーションの手段としても，動機づけを高めるという意味でも，役に立ちます。ただし，遊戯療法の実施そのものが子どもの認知行動療法の目的ではありません。

　それから，問題状況を明らかにしていくことも重要になります。そのためには何が必要かということを，後述したいと思います。

　また，家族や教員など周囲の方と協力をして，チームで支援をすることも，より必要になってきます。そこで子どもの心理支援において認知行動療法をどう扱っていくのか，認知行動療法の枠組みがどのように成り立つのかということを，後の章[04]で述べたいと思います。

講義メモ

02 「いい子」　周りに合わせすぎる「いい子」は，**過剰適応**と呼ばれる問題とも関連している。過剰適応とは，自分以外の価値観を過剰に優先し，それに対し無自覚的に順応している状態を指す。

講義メモ

03 **スクイグル法**　ウィニコット（Winnicott, D. W.）による芸術療法。「なぐりがき法」とも呼ばれる。セラピストがクライエントの前でペンを使ってなぐりがきを行ない，クライエントはそれが何に見えるかを答える。次にクライエントは自分の見えたとおりになるようになぐりがきを描き足し，その結果セラピストが何に見えるかを答える。これを相互に繰り返していく。

04 本講義「3　子どもの認知行動療法の実践ポイント」を参照。

まとめ

・子どものセルフモニタリングの困難さ，子ども自身の問題意識の不明確さ，
　学校や家庭と複雑に絡み合った問題などにより，成人用の認知行動療法の構
　造を，子どもの認知行動療法として単純にあてはめることはできない。
・子どもの認知行動療法の実施においては，子どもとの間で，自然で楽しいコ
　ミュニケーションをすることが重要となる。

2 認知行動療法の基本を確認する

1 認知行動療法の基本構造：刺激 − 反応図式

　まず，認知行動療法の基本を確認したいと思います。図 2-1 は，成人用の認知行動療法，子どもの認知行動療法にも共通する基本構造です。

　認知行動療法は，刺激と反応の図式が基本構造になります。日本の多くの心理療法，特に精神力動的な方法（精神分析）やユング派のカウンセリングは，環境からの刺激よりも，無意識などの内的な世界に目を向けます。しかし，認知行動療法では，常に環境との相互作用に重点が置かれます。

　ここがとても重要なところであり，一番大きな発想の転換が求められるところです。主に内的な世界を見る視点から，環境との相互作用を見る視点に転換すること，この発想の転換が，最初にして最大のポイントであり，重要なところです。ただ，この発想の転換が，日本で訓練を受けていると，実は難しいことなのです。

　さらに，その刺激と反応の図式を細かく見ていきますと，人間の反応の中には，**認知（思考），感情（情動），身体（生理反応），行動（表現）**の4つがあることがわかります。これらが相互に連携しながら，あるいは相互に影響し合いながら，その人の反応が決まってきます。

　例をあげましょう。人は，決して感情だけで動くわけではありません。

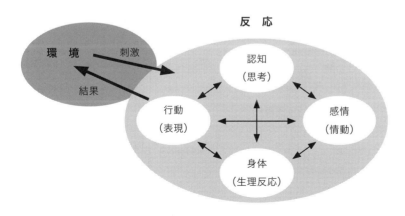

図 2-1　認知行動療法の基本構造：刺激 − 反応図式

場合によっては，生理反応がとても重要になってきます。私はカメラの前に立つとドキドキして，その動悸が気になって話に集中できなくなります。認知（思考）面では「しっかりやろう」と思っているんですけれども，動悸が止まらずに，行動に影響を受けてしまいます。ということは今回の場合，生理反応が私の行動を決めていることになります。また，このように私がドキドキしてうまく話せないと，聴いている人たちが「あの人，大丈夫かな」って私の顔を見ますよね。このように「大丈夫かな」と，みんなが心配してると思うと，さらにうまく話せなくなってしまいます。このように，常に環境との相互作用が重要になるわけです。

　子どもたちの認知行動療法を進めるうえでも，子どもたちは，常に環境との相互作用の中で生きているわけですから，この環境との相互作用を見ていくことは，とても重要なのです。

2　問題行動は悪循環の一部でしかない

　次に別の例をあげながら「問題行動は悪循環の一部でしかない」ということを考えてみたいと思います。

　たとえば，親が子どものことについて「子どもが泣いて，じっとして動かなくて教室に入ろうとしないで，学校から逃げ帰ってしまったんです，どうしたらよいでしょうか」という内容で，相談に来たとします。ここで問題は何かを考えたとき，親が注目している「子どもが教室に入ろうとしない」という子どもの行動だけが問題なのでしょうか。

　親から話を聞いていくと，いろいろなことがわかってきます。まず，母

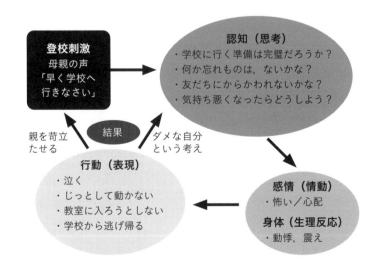

図 2-2　問題行動は悪循環の一部でしかない

　親が「早く学校へ行きなさい」と言ったときに，子どもに「どんなことを考えたの？」と聞くと「学校に行く準備が完璧かな」とか「忘れものないかな」とか「友だちにからかわれないかな」とか「気持ち悪くなったらどうしよう」と考えていたことがわかりました。そのようなことを考えてしまったならば，それは怖いですし，心配ですよね。

　さらに，この子どもは，体のほうにすごく反応が出やすい子のようで，ドキドキしたり，震えたりするようです。すると，そんな状態ですから，教室の前で泣き出してしまったということになる。

　そして，その結果，親を苛立たせてしまっている。親が「なんで学校行かないの」「お母さん恥ずかしいじゃないの」となってしまうわけです。しかも子どもにとっても「教室に入れなかった自分が恥ずかしい」「自分は駄目だ」と，ますます悲観的に考えてしまいます。結果がいろんなものに影響を及ぼしており，問題は，この悪循環の中でどんどん発展しています。

　このように，来談者によって語られる「問題」は，悪循環の一部でしかないと言えます。そのため，私たちは専門家として，いったいどのような悪循環の中で問題が成立してしまっているのかという観点から，全体を見る必要があります。専門家は，単にお話を聞いているだけとか，あるいは，子どもたちの自由な表現をサポートするだけでは十分ではありません。特に認知行動療法では「どのような悪循環の中で，いったい何が起きているのか」ということを，積極的に見ていくことが必要になります[01]。

　しかも，このような悪循環は，急に起きたわけではありません。小さい頃から積み重なったものによって成立していることが多いのです。先ほどの例の場合，もしかしたら子どもは発達障害で，小さい頃から孤立していて，否定的な評価を周りから受けていたりするかもしれません。そうすると，どんどん自分のことを悪く考えて，この悪循環が起きやすくなってい

講義メモ

01 心理職の誤解　「傾聴」という言葉が独り歩きして，心理職の活動が「ただ話を聴くだけ」と誤解されることがある。実際には，クライエントをより正確に理解するために，心理職には積極的に「問う姿勢」が重要となる。

ると言えます。他にも，いろいろなかたちで悪循環が起きている可能性がありえるわけですね。

　ここで改めての確認となりますが，刺激−反応−結果の悪循環を図式化すると，図2-1のようになります。

　環境から刺激があり，認知・感情・身体・行動があり，そしてそれらが結果として環境に影響を与えていく。これらの要素がどう重なり合って，どのように関係して悪循環が起きているか，という視点をもつことが，とても重要です。そして，このような視点で，問題を見ていくうえで重要になるのが，**ケース・フォーミュレーション**です。

3　ケース・フォーミュレーションとは

　ケース・フォーミュレーションとは，問題を発現させて維持させている，悪循環に関する仮説のことです。

> **ポイント1　ケース・フォーミュレーションとは**
>
> 問題を発現・維持させている，悪循環に関する仮説
> ▶定式化・図式化して表す
> ▶子ども・保護者・心理職の全員が納得する
> ▶子どもや保護者への心理教育に用いる
> ▶介入のための作業仮説となる

　いくら優秀な心理職，あるいは認知行動療法の専門家であっても，相談を受けて「問題はこういう悪循環だろう」と，すぐ見つけることはできません。「こうかな，ああかな」と関係者と確認しながら進めながら，「こうかもしれない」という仮説を作っていきます。

　その仮説は，関係者や本人と共有するために目に見えるかたちで表します。このことを**定式化・図式化**と言います。そして，子ども・保護者・心理職の全員が納得するものを作っていきます。最初は仮説であったものを，共有しながら，それをより洗練させていくことになります。

　次に，その仮説を，子どもや保護者への**心理教育**[02]として用います。認知行動療法では，心理職は分析する人，クライエントは分析される人という位置づけではなく，常に問題についての知識や見方を共有しながら，一緒に問題を解決していくこと，つまり協働関係が重視されます。そのため，心理職がわかったことはしっかり伝え，そして，クライエントとの間でパートナーシップを育てていくことが大事になってきます。このようにケース・

講義メモ

02 心理教育　心理的な問題についての知識や情報を伝達すること。ストレスへの対処方法や，対人スキルを教えることも含む。心理療法とは異なり，知識や情報による認知レベルへの働きかけが重視され，主体的な問題の理解や受容，対処技術の向上が期待される。

12

フォーミュレーションは，心理教育のための資料としても使われます。

　また，ケース・フォーミュレーションは，介入のための作業仮説としても使われます。「私たちはこのように問題を見立てました。ですので，このような観点から一緒に問題解決に取り組んでみましょう」ということを確認するために使います。これは心理職として子どもや保護者への説明責任でもあります。

　このように，わかったことをしっかり伝える。そして問題を共有して，一緒に解決していく。そのためにもケース・フォーミュレーションが重要になります。以上の点については，この講義の中でより詳しく見ていきたいと思います。

4　ケース・フォーミュレーションの例

　図 2-3 は**強迫症**（Obsessive-Compulsive Disorder：OCD）[03] のケース・フォーミュレーションの例です。

　強迫症は，いろいろな研究から決まったフォームのようなものが示されているため，ケース・フォーミュレーションが作りやすいです。図 2-3 に示したものが一つの例です。主訴は洗浄強迫で，家が汚染されているというものです。家族は「なぜ家に帰ったとたん，手を洗い続けるのか」「10 分も 20 分も洗ってるんですよ，何回も」と言い，本人も「わからない，すみません」「でも，やらないと気がすまない」と言っています。このよ

講義メモ

03 強迫症　強迫観念（obsession）と強迫行為（compulsion）の 2 つによって構成される精神障害。強迫観念とは，自分自身ではそれが無意味で考える必要がないとわかっているものの，止められない考えのこと（例：「不用意に物に触れると，他人の汚れが自分についてしまう」）。強迫行為とは，強迫観念による苦痛や不安を予防したり緩和したりするために，明らかに過剰に反復的に行なわれる行為のこと。

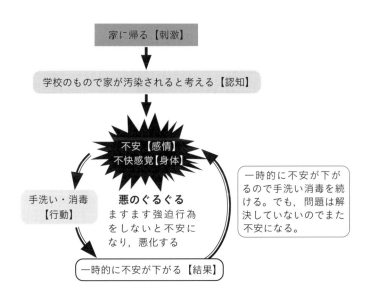

図 2-3　ケース・フォーミュレーションの例（OCD）

うな強迫症が疑われる子どものケース・フォーミュレーションを見ていきましょう。

　まず家に帰って玄関に入ったときの様子を聞くと，「学校のもので，家が汚染される」という考えが出てくるようです。そのときの感情として「不安」であったり「生理的に不快な感覚」が生まれるようです。それで，手を洗ったり消毒したりすると，少し気持ちが落ち着くようですが，落ち着いた「気がする」だけで，少し時間が経つと，また不安になってしまい，また洗ってしまうようです。つまり，ぐるぐる回って悪循環になってしまっています。

　このケース・フォーミュレーションをもとに，**心理教育**を行ないます。「こういうことが起こっているってわかってきたよ，では，ポイントはどこかな」と。たとえば，「学校のもので家が汚染されるって考えなければいいよね。この考え方，変えていくことだよね。でもそれは，難しいかもしれないよね。では，手を洗うのを少し我慢してみたらどうかな。ぐるぐるが止まるよね。そういうことを上手にやっていくことを，ここでやっていきたいんだけど，どうかな」というように説明するわけですね。このようにケース・フォーミュレーションを作り，認知行動療法の介入のために活用していくわけです。

5　認知行動療法の介入の基本的手続き

　では次に，認知行動療法の具体的な介入における基本的手続きについて見ていきたいと思います。

> **ポイント2　認知行動療法の介入の基本的手続き**
>
> ・協働関係
> 　▶クライエントとの間に協働関係を形成し，維持する
> ・心理教育
> 　▶ケース・フォーミュレーションを活用して問題を理解するようにクライエントや家族の心理教育をする
> ・課題（宿題）
> 　▶クライエントが日常場面で実行する宿題を出すことで，認知を変え，行動を変え，悪循環を変えるのを援助する

　まず大事なことは，クライエントとの間で**協働関係**を形成し，**パートナーシップ**を維持していくことです。認知行動療法をあまり知らない方は，認知行動療法が冷たくて機械的なものという印象をもっていたり，何

かの行動をさせて，その行動に餌を与えるようにご褒美を与えて操作する，といった見方をされたりします。でも実際のところ，認知行動療法はそのような機械的なものではありません。

　認知行動療法は，問題の悪循環を変えていく作業です。そしてその作業は，なかなか大変なことです。ですから，ただ優しいお兄さんお姉さんでいればいい，ただ安心できる場面や守られた空間の中にいればいい，というわけではありません。むしろ現実場面の不安に満ちた状況の中で悪循環が起きてしまっています。ですから，クライエントと心理職は，その悪循環をしっかり見て，場合によってはその不安な状況に直面し，問題を変えていかければなりません。それを一緒にやるわけですから，**信頼感**がなければなりません。

　この人となら一緒にやってみようという協働関係を作ることが，まず第一です。子どもから「この人は専門家として信頼できる人なんだ」という信頼感をもってもらうことが，まず重要になるわけです。そのために必要なものが**心理教育**です。問題を維持している悪循環を見つけてケース・フォーミュレーションを作り，そのケース・フォーミュレーションを活用して，問題を理解できるようにクライエントや家族に伝え，説明していくことが重要になります。

　そして次は，**課題**を出していくことです。これは，**宿題（ホームワーク）**と言われたりします。「宿題」と言うと子どもたちは「また宿題か」「塾みたいだ」という話になってくるので，「課題」と言ったほうがよいかもしれません。認知行動療法は，守られた空間の中で何かをするだけではありません。まさに，問題が起きている日常の場面において問題状況を変えていくことが重要です。

　認知行動療法は，治療構造のように，現実から離れたところだけで問題を解決しようとしません。もちろん治療構造も利用しますけども，そこから出て，現実場面の中で，考え方，認知を変え，行動を変え，悪循環を変えるのを援助していくことになるわけです。そのために，面接室の中だけでなく，日常の場面で「次の回に来るまでに宿題（課題）をチャレンジしてきてね」という働きかけが，重要になります。ここは，通常の治療構造という守られた枠だけで何かをしようとする心理療法や遊戯療法と，発想を大きく変えなければならない点です。

6　認知行動療法のプロセス

　このような発想の転換をしたうえで，認知行動療法を実践していくプロセスは，大きく分けて次の6段階になります。

> **ポイント3**　認知行動療法のプロセス
>
> ① カウンセリング（共感）＋アセスメント（情報収集）
> ② ケース・フォーミュレーション（情報の再構成）
> ③ 心理教育⇒協働関係⇒動機づけ
> ④ 効果が実証されている介入法の選択⇒介入
> ⑤ 評価⇒介入法の修正
> ⑥ 再発の予防⇒終結

　まず，しっかりとした**カウンセリング**を行なうことが重要です。これも誤解をされやすい点ですが「カウンセリングと認知行動療法は別もの」「水と油」と表現されることがありますが，そのようなことは決してありません。認知行動療法の基本技法として，カウンセリングができなければなりません。まず，しっかりとクライエントの話を聴き，共感することが重要になります。

　しかし，それだけでは十分ではありません。さらに，悪循環を見つけるための**アセスメント**をしっかりしていくことが重要です。情報をしっかり取るということです。ここでは，情緒的に共感をするのではなくて，正確な共感をすることが課題となります。さまざまな情報を取って「こんなことがあって，こんなことが起きているから，それはつらいよね」という，正確な理解に基づいた共感をしていく。そのためには，アセスメントが重要になってきます。

情緒的（だけの）共感　　　　　　正確な理解に基づいた共感

　そして情報を再構成して，**ケース・フォーミュレーション**を作成していく。さらに，そのケース・フォーミュレーションに基づいて**心理教育**をする。それによって問題は何かについて説明し，問題理解を共有して**協働関係**を作り，このチームで問題を解決していこうという**動機づけ**を育成

する。このように，チームを作っていきながら，動機づけをもってもらうことが重要になってきます。

　さらに「どのように介入するか」ということについて，さまざまな問題に適した介入方法が提案され，しかも研究によって効果が実証されています。ですから，優先的に効果が実証されれいる方法を選択していきます。心理職が「僕はこの方法が好きだから，この方法を使います」ではいけません [04]。クライエントの抱える問題や悪循環に関して，どのような介入方法があって，どのように役に立っているのかを，しっかり説明をして使っていくことが大切です。

　ただし，子どもの場合は，問題が複雑でいろいろな要因が絡んでますから，研究で効果が示された介入方法でもうまくいかない場合があります。介入方法が適切かを常にチェックして，役に立っていなければそれは「介入の方法が間違ってたんだ」ということで，修正を積極的に行ないます。

　良くなってきたとしても，それで油断してはいけません。相談場面では安定してきても現実場面の中で1人になると，再発する場合があります。なぜなら，本人の認知や行動が変わっていても環境が変わっていなければ，以前と同じプレッシャーを受けるからです。そのようなときに，どう対応したらよいかを確認しながら，終結を目指します。

　長く相談を続ければよいわけではありません。具体的な問題を解決すれば子どもたちは自信がつきますから，「あとは自分でやってみて」「またうまくいかないときは来てよ」ということにし，子どもや家族が，自分自身で問題解決する方法を身につけてもらうということが重要となります。このように**セルフケアを重視**する点も，認知行動療法の特徴です。

講義メモ

04 エビデンスレベル　エビデンスの質を表すエビデンスレベルは，メタ分析を頂点として，複数の階層に分かれている。そのうち最下層に位置するのが「専門家の個人的な意見」である。

⑦　子どもの認知行動療法の実践に向けて

　子どもの認知行動療法の実践に向けて，重要なことを改めてまとめます。

> **ポイント4**　**子どもの認知行動療法の実践に向けて**
> ・成人用の認知行動療法を単純に子どもに適用するのではない
> ・子どもには，マニュアル型認知行動療法は通用しない
> ・認知行動療法の本質を理解し，柔軟に使いこなしてはじめて，子どもに役立つ実践ができる

　まず，成人用の認知行動療法を単純に子どもに適用するのではないということです。子どもの問題は複雑な要因が絡んでいることが多く，動機づ

けも決して高いとは言えません。そのため，成人用のマニュアル型認知行動療法は子どもには通用しません。成人用の認知行動療法をそのまま使うのではなく，認知行動療法の本質を理解し，状況に則して柔軟に使いこなしてはじめて，子どもに役立つ実践ができます。

　子どもの心理支援においては，認知行動療法の本質となる発想の転換ができており，さまざまな技術をもっていてはじめて，本当の意味で認知行動療法を有効に活用できるということになります。多くの子どもは一生懸命心理職の指示に従って反応してくれます。そのような意味では，子どもの支援は簡単のように思われることもあるかもしれません。しかし同時に，柔軟に使いこなすことが求められます。そのためには，認知行動療法の本質がわかっていることが必要になるわけです。

ま と め

・認知行動療法は，協働関係の構築，ケース・フォーミュレーションによる心理教育，課題による日常場面への介入が基本的な手続きとなる。
・認知行動療法は，共感とアセスメント，ケース・フォーミュレーション，心理教育，介入，評価，終結という6つのプロセスを経る。

3 子どもの認知行動療法の実践ポイント

1 子どもの事例の特徴

では具体的に，子どもの認知行動療法の実践ポイントについて見ていきたいと思います。まずは，子どもの事例の特徴を考えてみましょう（図3-1）。

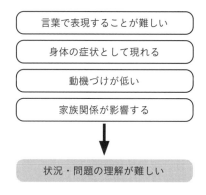

| 言葉で表現することが難しい |
| 身体の症状として現れる |
| 動機づけが低い |
| 家族関係が影響する |

状況・問題の理解が難しい

図 3-1　子どもの事例の特徴

大きな特徴として，子どもたちは自身の問題を言葉で表現することが難しい，という点があげられます。知的能力が高い子どもならば言葉で表現することはありますが，それでも言葉で表現された内容が，本当に現実に即しているかどうかはわかりません。

また，身体の症状として現れることも多いことも特徴です。前章でもお伝えしたように動機づけが低い点，また家族関係が影響する点も子どもの事例の特徴です。これらが複雑に絡み合うことから，状況や問題の理解が非常に難しくなります。たとえば，子ども本人も家族も，あるいは心理職でさえも，問題に気づかないことが多いわけです。あるいは，親が述べた問題をそのまま信じて面接を進めてしまうことがあります。そうなると，悪循環を見逃してしまうわけです。

悪循環を見逃してしまうと，どのようになってしまうのでしょうか。

たとえば次のイラストのように，元気のない子どもがいたとします。お

母さんは「これじゃ駄目だ」「私が勉強を教えてあげるわ」と叱咤激励します。すると今度は，このお母さんの叱咤激励が原因となって，子どもがますます疲労感を増すことになります。そうすると悪循環になってしまいます。そのお母さんの見方や意見を心理職がそのまま信じてしまうと，悪循環がさらに悪化してしまいます。

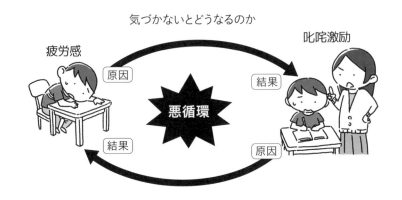

認知行動療法では，問題は子どもでもお母さんでもなく，この**悪循環**であると考えます。「この悪循環をどうするか，みんなで考えましょう」となるわけです。

> ポイント1　**子どもの問題の特徴と悪循環**
>
> ① 自身の問題を"問題"として認識できない
> ② 身体や行動の問題として示される
> ③ 問題改善への動機づけがない
> ④ 助けを求めない。むしろ，自分を責める
> ⑤ 親や教員などの周囲の者の協力を得られない
> ⑥ 逆に周囲の者を巻き込んで混乱や対立を引き起こす
>
> ⇒問題を悪化させる悪循環を生み出し，問題は複雑化する

「助けを求めない。むしろ自分を責める」「親や教員などの周囲の者の協力を得られない」という点については，この忙しい世の中ですから，なかなか先生方が丁寧に見てくれない可能性があるわけです。そうすると，その子は自分自身が原因だと思いやすくなり，自分を責めてしまったりする。結果として，話がややこしくなってきます。また，周囲の者を巻き込んで，混乱や対立が引き起こされてしまうこともあります。問題を悪化させる悪循環が結果的に生み出されて，問題は複雑化していきます。

2　子どもの認知行動療法に特有な介入手続き

　以上のことから，子どもの認知行動療法に特有な介入の手続きとして，複雑化した問題の成り立ち，つまり悪循環を見いだすことが，とても重要になってきます。つまり，ケース・フォーミュレーションがより重要になるわけです。

> **ポイント 2**　**子どもの認知行動療法に特有な介入手続き**
>
> 複雑化した問題の成り立ち（悪循環）を見いだす
> ⇓
> ケース・フォーミュレーションの重要性
>
> ・非言語的媒体の活用（⇒遊戯療法，箱庭療法のイメージ技法）
> ・動機づけを高める
> ・問題行動の外在化
> ・周囲の者の協力を得る（⇒関係者への心理教育）

　そして，問題の成り立ちを見つけていくためには，子どもと**信頼関係**を作らなければなりません。そのために，一緒に遊んだり，一緒にイメージを共有したりする非言語的な媒体が有効になります。つまり，遊戯療法や箱庭療法は，子どもと遊びを媒介として楽しくコミュニケーションをするために非常に重要になってくるわけです。

　しかし，ただコミュニケーションをとっていれば問題が解決するというほど認知行動療法は楽観的ではありません。その信頼関係を使って，次に進めていく作業があるわけです。それが「動機づけを高めていくこと」と「問題行動を外在化すること」です。これらが非常に重要になってきます。周囲の者の協力を得るためには，問題を**外在化**しなければなりません。そのうえで関係者に**心理教育**をしていくということが重要になります。

非言語的ツールの利用

どんな心配事が頭の中をぐるぐる回るの？

　問題を外在化するためには非言語的ツールが役立ちます。非言語ツールは，いろいろなものがあります。たとえば，前ページで示したイラストのようなイメージ画を使って，「どんな**心配事**が頭の中をぐるぐる回るの？」と言って心配事を書いてもらったりします。

3　動機づけの程度を確認する

　次に動機づけについてです。「この子はやる気がない」「問題解決への動機づけがない」と単純に決めてかかるのではなく，動機づけの程度[01]を見て対応することが重要になります。

ポイント3　動機づけの程度を確認する

①前考慮段階：自分が変わるということはまったく考えていない
②考慮段階：問題に気づいているが，向き合うまでの準備ができていない
③準備段階：「少し試してみよう」という気持ちになっている
④実行段階：簡単な課題は達成できており，次の課題を考えている
⑤維持段階：獲得したスキルを継続して日常生活で使えるようにする
⑥再発対処段階：再発したときに対処する方法を身につける

　まず，まったく考慮していない**前考慮段階**です。自分が変わるということをまったく考えていない段階です。次に**考慮段階**です。問題に気づいているが，向き合うまでの準備ができていない段階です。次は**準備段階**です。「少し試してみよう」「ちょっと変わってもいいかな」と思っている段階です。そして**実行段階**です。簡単な課題は自分でもできており，次の課題を考えている段階です。それから**維持段階**です。獲得したスキルを継続して「こうしたらうまく乗り切れる」と，日常生活でも使えるようにしていく段階です。最後に，**再発対処段階**です。ある程度対処できているので，再発したときの対処を身につける段階です。子どもたちを見るときに，今どの段階であるかを見る視点が，大事になります。

　前考慮段階や考慮段階では，**動機づけ面接**[02]をしていくことが望ましいです。最初から箱庭療法や遊戯療法ではなく，しっかり動機づけをもてるように対応していくことが重要です。ある程度，動機づけができている準備段階では，問題に関する**心理教育**をして，問題を共有していきます。実行段階では，認知行動療法のさまざまな技法で介入していきます（図3-2）。

講義メモ
01 動機づけの程度　前考慮段階，考慮段階，準備段階，実行段階，維持段階，再発対処段階の6つに分けて動機づけの程度をとらえる考え方は，行動変容ステージモデルとも呼ばれている。

講義メモ
02 動機づけ面接　クライエントが非協力的で，問題克服に向けた動機づけが低い状態にあるときに用いられる面接技法の一つ。正したい反射（Righting reflex）をおさえ，変わらない理由を問わず，変わりたい理由を問う。反射的に否定せず，「どうして変わらないのですか？」ではなく「どうして変わりたいのですか？」と問いながら，本人から自ら変化を求める発言（チェンジトーク）を引き出していくことが動機づけ面接の目標になる。

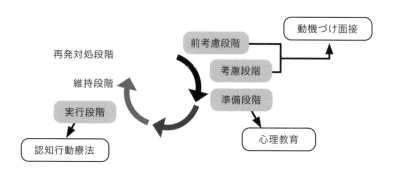

図 3-2　変化への準備段階を確認する

このように，子どもたちがどの段階にあるのか，何をしなければならないのか，どの段階にもっていけばいいのか，という心理職側の見立てと，リーダーシップが重要になります。

4　動機づけを高める

次に，もう少し細かく動機づけの変化を見ていきましょう。

ポイント4　前考慮段階

・何かが変わるということをまったく考えていない
　▶「どんなことでもいいので，何か変えたいと思うことはあるかな？」
　▶「心配事が少なくなるために，学校での生活がどのように変わればいいと思う？」
　▶「本当はやりたいのに，できていないことある？」
　　　　　　　　　　⇓
何らかの原因があって問題が起きている。その原因を変えることで変化する可能性があるということを，子どもに理解させる。

　前考慮段階の子どもたちは「なんかうまくいってないな」という感覚があっても「お手上げ」と思っている子が多いです。「何かが変わる」ということを考えていないわけです。そこで「どんなことでもいいので，何か変えたいと思うことあるかな？」とか「心配事が少なくなるために，学校での生活がどのように変わればいいと思う？」とか「本当はやりたいのに，できていないことある？」などと尋ねてみて，対話しながら変化の可能性を意識化していきます。

　子どもたちは「自分が悪いから」とか「自分がいなくなればいい」とか，そのようなことを考えてしまいがちです。しかしそうでなくて，何かの原因があって問題が起きており，その原因を変えることで，何かが変わる可能性があるということ，自分がしたいことができるようになる可能性があるということ，問題が解決できて，もしかしたら楽しい生活ができるようになるかもしれないということを，一緒に共有していくことが大事です。

　そのような共有がないまま「なぜやらないんだ」とか「なぜ変わらないんだ」と伝えても，それは大人の都合にすぎません。ですから，子どもが，まず「自分はもっと幸せになるかもしれない」という希望をもてること，あるいは，その可能性を少しだけでも気づくことが大切となります。

　そして，変化に向けて何かをしてみようという動機づけを高めるためには，子ども自身が理解されていると感じるようにしていくことが大切です。そこで必要とされるのが**共感的理解**[03]，そして**カウンセリング**です。

講義メモ

03 共感的理解　セラピストが，クライエントの内的照合枠を共感的に理解しており，そしてその体験をクライエントに伝えようと努めていること。正確な理解のためには，ただ傾聴するだけでなく，積極的に問う姿勢も重要。

ポイント5　動機づけを高める

・子どもが，自分が理解されていると感じるようにする。共感的理解を示す
・子どもが望むところ（願望）と現実のズレを明らかにする。共感しつつ，事実と異なる認知の偏りを見ていく
・抵抗に直面した場合，心理職がそれに対して否定的に反応しないようにする。アンビバレントな気持ちを受け止める
・現実で，少しでもできていることを認め，自己効力感をもてるように励ます

講義メモ

04 アンビバレントな気持ち　アンビバレントとは，相反するものが同時に示されていること。本文においては，現実に直面できるようになりたいが，直面することは怖い，という意味で用いられている。

　残念ながら，子どもの願望と現実が違うことがあります。そのズレを明らかにしながら，一緒に現実と直面していくことが必要になります。しかし，子どもたちにとって，怖い現実に向かっていき不安に直面するのはつらいものです。そのため現実を認めることに抵抗が当然あるわけです。そのときに，その不安や抵抗を批判するのではなく，むしろ共感を示して，不安を抱きながらも何とかしたいというアンビバレントな気持ち[04]を受け止めることが大事です。その中で「朝起きることができている」とか「外に出ることができている」など，少しでも現実でできていることを評価して，自己効力感をもてるように励ましていくことが重要になります。

5 　問題の外在化

次に，**問題の外在化**についてです。

> **ポイント6**　　**問題の外在化**
>
> 　子どもは，問題と自分を分化してとらえることができていない。症状を自分自身とみなし，自分を責めたり，自信を失ったりしている
>
> ⇓
>
> ・問題を，悪循環の結果起きている異物として意識化させる
> ・問題を自分とは異なるものとして外在化させる心理教育を，じっくりと時間をかけて行なう
> ・必要に応じて問題に「あだ名」をつけて呼ぶ
> ・問題に対処する方法を一緒に考え，実行する

　子どもは，問題と自分を分化してとらえることが難しいです。「僕が悪いんだ」「僕がいるからいけないんでしょう」といったように，問題や症状を自分自身とみなして必要以上に自分を責めたり，自信を失ったりします。しかし，実際はそうではありません。子どもの問題は，悪循環の中で，そうせざるを得なくなっていることが多いわけです。そこで，問題を悪循環の結果起きている異物として意識させます。

　発達障害があったとしても，発達障害の子どもが全員，同じような問題を起こすわけではありません。発達障害があっても，適切な対応によって能力を生かしてる子どもたちもいるわけですから，問題が起きているのは，発達障害のためではなく，何らかの悪循環が起きているためと考えられます。

　その悪循環をケース・フォーミュレーションとして明らかにして，しっかり伝えて説明をして「問題なのはあなたじゃないんだ」「この悪循環が

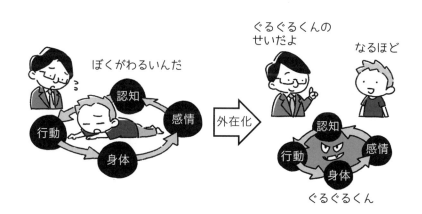

問題なんだ」と，問題となっている悪循環を子どもの性格や特徴とは異なるものとして扱います。そのような心理教育を，じっくりと時間をかけて行ないます。なお，外在化した問題に「モンスター」や「ぐるぐるくん」など名づけることがあります。このように，心理教育によって問題を外在化し，問題に対処する方法を一緒に考え，実行していきます。

6　ケース・フォーミュレーションを用いた説明

　たとえば前章の図2-3で，強迫症のケース・フォーミュレーションの例を見ましたが，子どもや保護者には図3-3のような図で説明します。
　図3-3はある女子生徒の強迫症に関する話です。父親と母親の不和を見ていたとき，女子生徒がどのように考えていたかを聞いてみると「私がしっかりしなきゃ」と思っていたようです。とても責任感がある彼女は「学校のものは汚い」と思っているため，「学校のもので家が汚染される，私が何とかしないと」と思って一生懸命手を洗って，家をきれいにしているんですね。つまり，責任感があるが故にこのようなことになった側面がある，ということを保護者にお伝えしていきます。実際，研究によって，強迫症の子どもたちの認知の背後には，「自分がしっかりしなければ」という強い責任感があることがわかってきています。そのようなことも伝えていきます。
　図3-3に話を戻しましょう。女子生徒は，親にも手洗いを要求するよ

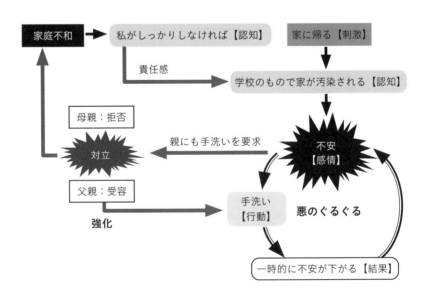

図3-3　ケース・フォーミュレーションの例（マクロ）

うになります。いわゆる"巻き込み"です。この巻き込みに対して父と母のそれぞれの対応を問うと，父は「この子かわいそうだからやってやろうよ」と，強化してしまっている。しかし母は「駄目，なんで私がやんなきゃいけないの」と父と対立して，また夫婦喧嘩をしてしまっています。この女子生徒はそのことですごく不安になるし，落ち込んで，ますます1人で頑張ってしまうのです。

「このようなことが起きていませんか」と尋ねると，子どもはあまり「そうだ」とは言いません。しかし，保護者のほうは「ああ」となることが多いです。父は「今まではお前が厳しいからだ」と母に伝え，母が「あなたが仕事ばっかりやってて甘いからだ」となっていたわけです。そこで，それが悪循環を構成していることを伝えます。そして，「全体はこうなんですよ」「これをどう変えていくかを考えなければ」と説明していけばよいわけです。

7　親への心理教育

このように，親への心理教育は重要です。ポイントをまとめると次のようになります。

> **ポイント7　親への心理教育**
>
> ・ケース・フォーミュレーションを示し，子どもは問題行動をわざとしているのではなく，悪循環に支配されていることを説明し，子どもと家族と心理職が力を合わせて問題に立ち向かうように促す
> ・問題の発生と維持のメカニズムに大人（特に保護者）が影響を与えていることを，具体的に説明する
> ・家族は，子どもの問題をやめさせるための命令やアドバイスを出すのをやめ，当座のところは子どもの問題のコントロール権を心理職に託すように依頼する
> ・家族は，子どもの健康な部分や長所に視点を移し，子どもの頑張りを褒め，子どもの努力をサポートする役割をとることを確認する

ケース・フォーミュレーションを示すことで，「子どもは問題行動をわざとしているのではない」「悪循環に支配されている」といったことを親に説明し，子どもと家族と心理職で，力を合わせて問題に立ち向かいましょ

うと促すわけです。

　そして，問題の発生と維持のメカニズムについて，保護者だけでなく場合によっては学校の先生にも説明をし，大人が問題を維持するようになってしまっている，影響を与えている可能性を具体的に説明していきます。たとえば，家族や子どもの問題をやめさせるための命令・アドバイスが不適切なものであれば，それが問題を維持させてしまう場合があります。

　悪循環にはならない適切な命令や指示ならば，問題はある程度解決しているはずです。したがって，悪循環が起こっている以上，現在の命令やアドバイスをやめて，当座のところは子どもの問題のコントロール権も，心理職に託すように依頼をします。その代わり，心理職は専門家として問題をしっかり把握して，適切な指示ができなければなりません。そのような意味でも，アセスメントをしっかり実施し，ケース・フォーミュレーションを形成して問題を把握していく過程が，とても重要になります。

　子どもの問題のコントロール権を心理職に託す代わりに，家族には子どもの長所に視点を移し，子どもの頑張りを褒め，子どもの努力をサポートする役割をお願いします。心理職は「子どもと協力して，問題に直面する努力をしますから，うまくいったら褒めてあげてください」というシステムやチームを作っていくことが大切です。

　まずは，このチーム作りにエネルギーを注がなければなりません。ただ優しいお兄さんお姉さん，あるいは問題を分析する人ではなくて，チームをどう作っていくかが大切です。しかも，現実の問題に適した，悪循環を止めるためのチームを作っていかなければなりません。

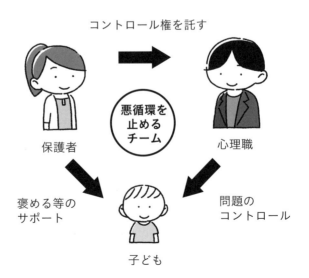

コントロール権を託す

保護者　　悪循環を止めるチーム　　心理職

褒める等のサポート　　問題のコントロール

子ども

まとめ

・子どもの認知行動療法の実践においては，子どもの動機づけ段階を確認し，段階に合わせた働きかけが重要となる。
・ケース・フォーミュレーションで問題を外在化し，問題は子どもではなく全体としての悪循環であることを，子どもや保護者に伝える。
・保護者には，子どもの問題のコントロール権を心理職に託す代わりに，子どもの頑張りを褒め，子どもの努力をサポートする役割を依頼する。

4 アセスメントのポイント

1 問題の特定化：何が問題なのか

では，子どもの認知行動療法の実践にあたり，どのようなアセスメントをしていかなければならないのでしょうか。まず，**問題の特定化**をすること，つまり何が問題なのかを把握する必要があります。しかし，子どもでは，これがなかなか難しいのです。

> **ポイント1** 問題の特定化：何が問題なのか
>
> ・主訴は誰によって語られたものか
> ・誰が相談に来ることを決めたか
> ・どのような経緯で相談に来ることになったのか
> ・子どもが困っていることは具体的に何か
> ・家族の主訴と子どもの問題意識はズレていないか
> ・症状（機能障害）はみられないか
> ・子どもが変えたいことがあるならそれは具体的に何か

主訴は，誰によって語られたものなのか，誰が問題と思っているのかを把握することが大切になります。多くの場合は，親かあるいは紹介された学校の先生だったりするわけで「その人が問題だと思っていること」が主訴[01]として語られます。

誰が相談に来ることを決めたのか，どのような経緯で相談に来ることになったのかというのも，重要な情報です。それから，子どもが困っているのは**具体的**に何かということも確認したいところです。実は，「主訴」と「子どもの困りごと」が，まったく違っている可能性があるわけです。そこで，子どもに具体的にどのようなことで困っているのかを尋ねていくと，いろいろなことが見えてきます。

そのような中から，家族の主訴と子どもの問題意識はズレていないかを確認します。多くの場合，ズレていることが多いです。もし家族と子どもの悩みが同一であれば，それはそれで「子どもと親は立場が違うのになぜ

講義メモ

01 主訴 主訴とは解決したい問題としてクライエントによって語られる内容のこと。主訴は必ずしも問題を的確に表現しているとは限らない。しかし，それは語られる主訴を軽視してよいわけではない。あくまでクライエントの主訴を尊重しつつ，悪循環となっている全体像を把握することが求められる。

違った見方ができないのだろうか」と考えていきます。

　あとは，症状や機能障害がないかを確認します。たとえば，発達障害の機能障害の一つである**感覚過敏**[02]や**常同行動**[03]があったりすると，それ自体が問題を引き起こす場合もあります。症状や機能障害は，子どもの認知や行動に強い影響を及ぼしています。しかも，変えようと思ってもなかなか変えるのが困難です。そのため，症状や機能障害を見逃さないことが重要となります。

　そして，子ども自身が変えたいことあるならば，それは具体的に何なのかということも大切です。たとえば，無気力になり勉強が手につかなくなった子どもがいたとしましょう。もしかしたら，その子は「お母さんが勉強しなさいって言わないようになる」ことを望んでいるかもしれません。そこで「いつ言ってほしくないの？」と尋ねていき「自分が勉強しようと思ったときに」「なるほどね」とやりとりをしながら，具体的に聞いていくことが重要になります。

 講義メモ

02 感覚過敏　些細な感覚刺激に対して過剰に反応し，とらわれてしまうこと。特に自閉スペクトラム症（ASD）の子どもは，聴覚に関する過敏性が高いことが多い。

03 常同行動　常に同じ行動を行ないたがること。自閉スペクトラム症（ASD）の子どもに特に多い。

2　具体的に問題をとる

つまり，具体的な問題に焦点化することが重要と言えます。

> **ポイント2**　　具体的に問題をとる
>
> ・どのような場面のどのような出来事に対して
> ・どのように考え
> ・どのような気分で
> ・どのような身体反応があり
> ・どのように行動して
> ・その結果どのようなことが起きたのか　　（山上・下山, 2010）

　日本の心理療法やカウンセリングは，非常に抽象的な心情[04]を問うことが多いです。ただ，私たちは抽象的な世界の中に生きているわけではなく，具体的な環境からの刺激によって，いろいろな苦しいことが起きているわけです。ですから，具体的な場面を聞いていくことが大切になります。どのような場面の，どのような出来事に対して，どのように考え，どのような気分で，どのような身体反応があり，どのように行動して，その結果どのようなことが起きたのか，ということをしっかりとアセスメントしていきます。

　私たちはアセスメントと言いながら，非常に抽象的かつ自分の知りたいこ

 講義メモ

04 抽象的な心情　たとえば精神分析的アプローチにおいては無意識に抑圧された欲望や葛藤を扱う。クライエント中心療法では理想自己と現実自己の不一致に伴う，否認したり歪曲された自己を扱う。

つらいです　　なるほど　　ちょっとまった！

より具体的に！
・どんな場面で
・どのように考え
・どんな気分で
・どんな身体反応があり
・どんなことが起きたのか

とばかり見ていなかったでしょうか。より具体的なことを聞いていくべきです。具体というのは，現実場面で何が起きているか，その起きていることに対して，**認知**は何なのか，**感情**は何なのか，**身体反応**はないのか，**行動**はどうなのか，それが具体的に現実の中で，何を引き起こしているのかということを見ていくわけです。これは『山上敏子先生の行動療法講義 with 下山研究室』（山上・下山，2010）という本に詳しく書かれてますから，ぜひ読まれるとよいと思います。とても勉強になります。

3　行動を具体的に観察し，推測し，質問する

具体的に聞いてみると，いろいろなことがわかってきます。

> **ポイント3**　行動を具体的に観察し，推測し，質問する
>
> 具体的行動から認知や感情を推察する
> 〈例〉
> 「教室で急に次郎くんを殴ったんだって？　またどうして？」
> 「あいつ，俺のことをばかにしてたからね」
> 「どうしてそう思うの？」
> 「だって次郎，俺のことじっと見てたからね」
>
> ・関係者に刺激−反応−結果の枠組みで具体的に聞く
> ・行動パターンを観察する（面接場面，プレイ場面）
> ・介入に向けて，変化可能な標的行動を具体的に定める

　まず「なぜ？」と思って推測をしていくことが大事です。たとえば，教室で太郎君が次郎君を殴ったとします。このとき，太郎君はなぜ殴ったかはわからなかったり，あるいは，わかっていても言わなかったりするわけです。そのようなときにたとえば「教室で急に次郎君を殴ったんだって？

どうして？」と聞いてみます。「あいつ，俺のことばかにしてたからね」「どうしてそう思うの？」「だって次郎，俺のことじっと見てたからね」という会話があったとします。

ここで「なぜ太郎君は，見られただけでばかにされているとわかったんだろう？」と考えてみます。教室の中にいる人のことをじっと見るのは，特に不自然なことではありません。ということは，太郎君はじっと見られたら，脅されてるとか，自分に敵意をもってると考えやすい傾向があるとわかります。それを受けて太郎君は，そのような「認知（考え方）の偏り」があるかもしれないと思えばよいわけです。

親や先生などの関係者に質問するときも「この子どうですか」と聞くのではなくて「この子はどんな行動をしますか」「どんな反応をしますか」「どんな場面で問題行動が起こりますか」ということを訊いていきます。常に**刺激−反応−結果の枠組み**で，具体的に訊いていくとよいです。

それから，**行動パターン**を観察します。よく観察していくと，最初に親や教師があげた問題以外の問題が悪循環を作っている可能性もみえてきます。そこで，変化可能な標的行動を定めて，具体的に変えていけばよいということになってきます。

4 攻撃的な人の認知の偏り

先ほど例にあげた太郎君のように誰かを殴ってしまう子どもは，攻撃的な認知の偏りをもっている可能性があります。

> **ポイント 4　攻撃的な人の認知の偏り**
>
> ・あいまいな状況に置かれた場合，そこに攻撃的な意図があると
> 受け止めやすい
> ・他者の行動の意図を解釈する際に，少数の手がかりだけに選択
> 的に注目する
> ・問題解決スキルが限られている
> ・問題を解決するために言葉で言い表すことが苦手

　攻撃的な子どもたちは，あいまいな状況に置かれた場合，そこに攻撃的な意図があると受け止めやすいのです。他者の行動の意図を解釈する際に「にらんでいる」とか「こちらを見ていた」とか，少数の手がかりだけに選択的に注目しやすいのです。他にも，他者の行動の意図を解釈する際に，特定の部分だけで攻撃的な意図があると結びつけやすいこともあります。また言葉を使うのが苦手で，問題解決のスキルも限られているため「殴る」という方法に頼ってしまいがちです。

　そのような子どもたちに対する介入は，認知的な特徴を少しでも変えていくことや，あるいは，言葉で人との関係を調整するスキルを身につけてもらうことになります。このような認知の偏りや，問題解決スキルなどもふまえて，どのように悪循環が形成されているかをしっかりと探っていくことが重要になるわけです。それがないまま，単純に認知行動療法を実施することにして，マニュアルに従って思考記録表 [05] を作ればよいというわけではないのです。

講義メモ

05 思考記録表　認知療法で主に用いられるツール。コラム表とも呼ばれる。流れに従って順番に表に書き込むことで，自動思考（瞬間的に頭に思い浮かぶ思考）の検討を行なうことが可能。

5　ケース・フォーミュレーションの作成

　次に，問題の成り立ちを把握するために，ケース・フォーミュレーションを作成することについて考えます。ここまでの講義を聴いて，「では，どうやってケース・フォーミュレーションを作ったらいいのか？」と関心をもたれている方もいるのではないでしょうか。今からお伝えしていきたいと思います。

ポイント5　　**ケース・フォーミュレーションの作成**

アセスメントで問題の維持プロセスおよび発展プロセスを探り，
それをクライエントに伝えていく最初の作業

・問題が偶然起きているのではなく，さまざまな要素がつながっ
　て，必然的に起きていることを示す
・最も単純なフォーミュレーション：2，3の要素のつながりを
　示し，問題が起きるつながりに気づくように援助する
　▶刺激（環境）⇒反応
　▶認知⇔感情⇔身体⇔行動
　▶認知モデル（自動思考，先入観，中核的思い込み）
　▶刺激（環境）⇒反応⇒結果⇒そして問題を維持する悪循環
　▶素因⇒発生要因⇒発展要因⇒悪循環

　ケース・フォーミュレーションの作成とは，アセスメントで問題の維持
プロセスおよび発展プロセスを探り，それをクライエントに伝えていく最
初の作業でもあります。ポイントは，問題が偶然起きているのではなく，
さまざまな要素がつながって，必然的に起きていることを示すことです。
これは，これまでにご紹介してきた悪循環の考え方です。つまり，悪循環
が必然的に繰り返されて，問題が起きているということです。

　たとえば，仮に暴力を振るった子どもがいたとして，その子は偶然暴力
を振るったのではなく，その子の考え方や行動スキルから暴力を振るった
と考えます。したがって，また起こすことがありえるし，すでに起きてる
可能性もあるということです。

　このように問題の生起にはどのような要因がかかわってるかを探ってい
きます。それは複雑であるが故に，最初からパッとわかるわけではありま
せん。手品のようにはいかないのです。いろいろな要因を探りながら進め
ていきます。要因を探っていくための参照枠として，認知行動療法以外に
もいろいろな理論モデルや技法があるわけですが，今回の講義は一つひと
つの理論や技法に立ち入りません。全体に共通する基本的な考え方をご理
解いただければと思います。

6　ケース・フォーミュレーションの種類

　ケース・フォーミュレーションには次の種類があります。

> ポイント6　ケース・フォーミュレーションの種類
>
> ・ミニ・フォーミュレーション
> 　▶つながりへの気づき
>
> ・ミクロ・フォーミュレーション：問題の維持に関するフォーミュレーション
> 　▶現在，起こっている悪循環の一つを明らかにする
>
> ・マクロ・フォーミュレーション：問題の発展に関するフォーミュレーション
> 　▶問題の成り立ちと維持を盛り込み，悪循環を明らかにする

講義メモ

06 抑圧　心的外傷（トラウマ）体験を無意識に閉じ込めて意識に表れないようにすること。結果として，無意識と意識の対立が起こることになる。

　まずはミニ・フォーミュレーションですが，これは，つながりに気づくことを目的とします。精神分析では，最初から抑圧 **06** が問題だろうとか，無意識と意識のバランスが悪いという発想にいたりがちです。しかし，認知行動療法では，いろいろな現実場面と反応が，そして反応同士のつながりがどのようになっているのかを見ていくところから始めるわけです。

　次に，ミクロ・フォーミュレーション（問題の維持に関するフォーミュレーション）です。現在，起こっている悪循環はなんなんだろう，全体として何が起きているんだろう，という点について，もう少し広く見ていきます。

　最後は，どうしてそこまで進行してしまったのか，どうして問題が進行する途中で解決できなかったのかという，マクロ・フォーミュレーション（問題の発展に関するフォーミュレーション）です。今，問題が起きているということは，あるとき始まって，いよいよ止まらなくなってしまったということです。あるいは関係者だけでは，どうしようもなくなってしまったという状態です。マクロ・フォーミュレーションでは，問題はどのように発展してきたのかを見ていくことになります。

1. ミニ・フォーミュレーション

　まず，ミニ・フォーミュレーションについてです。偶然ではなく，さまざまなつながりによって問題が必然的に起きていることを理解します。

　たとえば，「孤独で，寂しい」と言う子どもが来談したとします。スクールカウンセリングではよく出会うケースです。そこで，子どもに感じたことについて尋ねます。「寂しい」「つまらない」といった言葉が返ってきたときに，「そうなの，つらいね」とただ受容するだけではなくて，「どういうときに一番つらいの？」「つらいって感じるとき，どういう場面なの？」と具体的に尋ねると「休み時間なんだ」と答えが返ってきたとしましょう。「休み時間

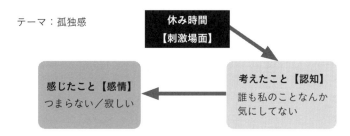

図4-1 ミニ・フォーミュレーション

にどんなこと考えてるの？」と尋ねると「誰も私のことなんか気にしてない」
と返ってくる。「それは確かに，そう考えたら寂しくなるよね」と理解する。
このように，寂しさは「誰も私のことなんか気にしてない」と考えることに
由来していたことがわかります。まずは，そのような考え（認知）と気持ち（感
情）とのつながりがあることを共有できることが問題解決の第一歩になりま
す。「いろいろな考えが気持ちにつながっている」「他にもいろいろあるかも
しれないから，もう少し詳しく見てみよう」となればよいのです。

2. ミクロ・フォーミュレーション

　次に，引き金となる出来事を見つけ出し，それに伴う考え（認知），気
持ち（感情），行動を明らかにする**ミクロ・フォーミュレーション**です。
　まず「休み時間って何してるの？」と尋ねます。「休み時間に1人で机に
座ってるんだ」「そうなんだ，そんなときどう考えるの？」「無視されてるっ

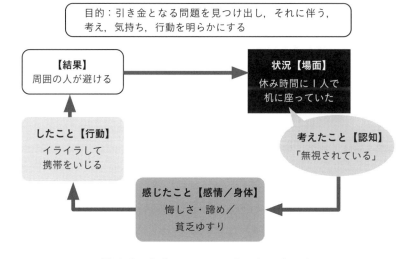

図4-2 ミクロ・フォーミュレーション

て思うんだ」「そう考えるんだ。そのときにはどんな気持ちになったり,体ってどんな感じになるの?」といったやりとりをしていきます。このようにしていくと,「悔しい」や「諦めた」といった気持ちが表れてきます。また,その時の身体反応を尋ねてみたところ,貧乏ゆすりも見られるようです。

そして結果的に「休み時間,どのような過ごし方(行動)をするの?」と尋ねると「イライラして携帯いじってる」「そうなんだ。そうしたら,周りの人はどんなふうにその様子を見てるかな」「なんか,みんなが私を避けてるみたい」「確かにそうかもね,そしたら1人でいるしかないものね」といったやりとりをとおして関連する情報を集めていきます。

一つひとつの情報は単純なことかもしれませんが,この人の問題の特徴を表している可能性があるわけです。このような情報をたくさん集めていきます。ミクロな悪循環のシートとして図4-3のようなものがあり,「今度,家で書いてきてみて」と,宿題(課題)を出すこともあります。しかしこれだけ渡して「書いてきて」と言われても多くの場合できないので,最初は面接の中で一緒に書く練習をすることが必要です。

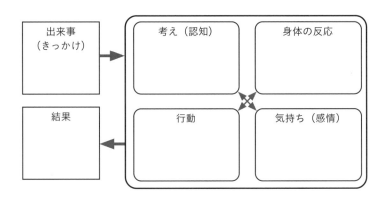

図 4-3　ミクロな悪循環のシート

3. マクロ・フォーミュレーション

次に,問題の全体や成り立ちを見ていきます。そこで大事なことが,**素因,発生要因,発展要因**という考え方です。

> **ポイント7　個別問題から問題全体(マクロ)へ**
>
> 問題の全体:素因⇒発生要因⇒発展要因
>
> ・素因:遺伝,体質(＊発達障害),家族関係(＊虐待)…
> ・発生要因:失敗,病気,勉強の躓き,いじめ…
> ・発展要因:周囲の無理解,不適切な介入(専門家の介入も含む)…

　日本の心理療法は，精神分析的理論の影響を強く受けてきたので，子ど
もの現在の状態は幼い頃の母子関係，特に愛着[07]の問題が原因にあると
いうことを想定しやすいです。そのため，現実の問題を過去の親子関係と
結びつけて，現在と過去が一緒になってしまうことがあります。しかし実
際には，過去から現在にいたるいろいろな出来事が積み重なって問題は発
展してきています。

講義メモ

07 愛着　生まれて間もない
頃に形成される，親子の特別
なつながりや絆のこと。幼少
期の愛着によって得られた他
者への信頼は，その後の対人
関係一般に拡張されると考え
られている。

　そこで**素因，発生要因，発展要因**という流れを見ていくことが大切に
なります。まず**素因**としては遺伝や体質があげられ，特に発達障害では，
この素因が非常に大きい要素になります。それから家族関係です。幼い頃
から夫婦仲が悪かったり，ひどい場合には虐待があったりすると，当然そ
の子は，その事実を背負っていかなければなりません。幼い頃の自分が意
識する前や，物心つく前の生活のあり方は，それを背負っていかなければ
ならないものですから，遺伝的なものではなくても素因と言えます。

　そのような素因を背負って生活を始めると，何かに失敗したり，病気に
なったり，勉強でうまくいかなかったり，いじめにあったりした場合には
問題が起きやすくなります。特に発達障害の子どもたちは上記の点に対し
て脆弱であることが多く，問題が起きやすくなります。そのような問題が
生じるきっかけとなるのが**発生要因**です。

　そのような問題が起きたとしても，周囲の者が適切に対応してうまく解
決していればよいわけです。しかし，ある時期になって心理職のところに
相談に来るということは，周囲の無理解があったり，不適切な介入があっ
たりした可能性が高いのです。実際に，専門家の介入によって問題が維持
されてしまったり悪化させてしまったりすることも少なからずあります。

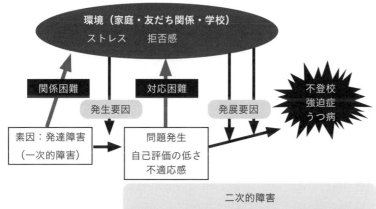

図 4-4　問題の発展の悪循環（発達障害の場合）

08 一次的障害と二次的障害
障害そのものの特性のことを一次的障害と呼び，一次的障害によって生じるさまざまな困難のことを二次的障害と呼ぶ。

たとえば自閉スペクトラム症の場合，一次的障害としてコミュニケーションの困難さやこだわりの強さがあげられ，それに伴う二次的障害として，周囲との不和やいじめ，抑うつ的な感情や自己肯定感の低下などがあげられる。

09 解離　苦痛で脅威的な体験や出来事を意識に上らせることから切り離す人間の心理機能。知覚や記憶，一貫性や連続性の断裂というかたちで表れる。

自分が自分でなくなるような感覚である「離人感」や目の前の現実をうまく認識することができない「現実感の喪失」が代表的。

このような**発展要因**が積み重なって問題が顕在化してくるのです。

発展要因について，発達障害の場合を見ていきましょう。

素因としては，発達障害の一次的障害 ⁰⁸ であるコミュニケーションの困難さや衝動性の調整の難しさがあげられます。そのため，他者との関係を結びにくく，親もストレスを感じやすいということが生じます。そうすると，周りも対応できません。周囲の不適切な対応の仕方が発生要因となって，子どもの自己評価が低くなり，不適応感が出てきます。

そうなると，ますます対応困難になり，家庭や友人関係・学校から拒否感が出てきます。そのように問題がこじれて，二次的障害が発生します。二次的障害には，図4-4で述べられているように，「外在化の二次的障害」と「内在化の二次的障害」があります。その二次的障害に対して専門家を含め，適切に対応できればよいのですが，薬を出しすぎたり，プレイセラピーだけをやっていたりすると，発展要因となって不登校が問題になったり，強迫症になったり，うつ病になったり，場合によっては解離的な問題 ⁰⁹ になったりします。その結果，また追加の薬が出されるということになります。心理職が子どもの問題を理解するためには，このようなプロセスをしっかり見ていかなければならないのです。

まとめ

- アセスメントにおいては，どのような場面の，どのような出来事に対して，どのように考え，どのような気分で，どのような身体反応があり，どのように行動して，その結果どのようなことが起きたのか，具体的に理解していくことが重要となる。
- いろいろな要因が積み重なって問題が発生しているという観点のもと，素因・発生要因・発展要因と分けて，全体の流れを見ていくことが大切になる。

5 介入の組み立て方

1 認知行動療法の基本技法

　本章では，介入の組み立て方について見ていきます。まずは，復習です。認知行動療法とは，問題維持の悪循環から抜け出すために，問題の成り立ちからケース・フォーミュレーションを把握し，環境，認知，行動を変えていくことでした。図5-1をよくご覧になってください。

　図の中に**認知**があり，**感情**があり，**身体**があり，**行動**があります。なお，子どもたちに説明するときには，**場面**，**考え**，**気持ち**，**からだ**，**行ない**，という言葉を使ったほうがいいかもしれません。

　そしてこのそれぞれに介入する技法が，認知行動療法にはあります。次頁のポイント1に認知行動療法の基本技法を示します。

　これらの基本技法は，ぜひ皆さん，ご自身で学んでほしいと思います。たとえば，不安といった感情を中心に介入する場合には，**曝露反応妨害法**[01]です。行動を中心に介入する場合は**応用行動分析**[02]です。特に自分の感情に直面できなかったり，あるいは，自分の考え方をモニターできないときや，統合失調症や発達障害などの場合は，主に応用行動分析を用いて適応的な行動を形成していくことになります。知的能力も高く安定している場合には，認知を中心に介入する**認知療法**[03]が用いられます。いつ

講義メモ

01 曝露反応妨害法　不安を生じさせる場面にあえてさらし（曝露），回避行動を禁じる（反応妨害）ことで，不安に慣らしていく方法。エクスポージャーと呼ばれる行動療法の技法の一つ。

02 応用行動分析　問題状況を「先行条件」「行動」「結果」の3つで理解し，同様の結果が得られる別の行動の獲得などにより，より適応的な行動を形成していく行動療法の技法の一つ。

03 認知療法　瞬間的に頭をよぎる思考やイメージを自動思考と呼び，思考記録表などを用いて自動思考の修正を測る技法。

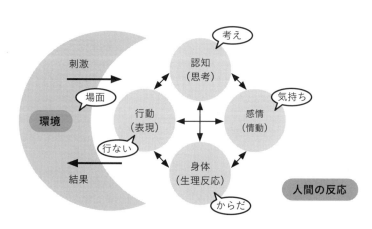

図 5-1　認知行動療法とは

> **ポイント1**　**認知行動療法の基本技法**
>
> ・感情を中心に介入（⇒曝露反応妨害法など）
> 　▶恐怖と不安と回避行動の変容…不安障害の E/RP など
>
> ・行動を中心に介入（⇒応用行動分析など）
> 　▶随伴性介入による習慣変容…統合失調症や発達障害の SST など
>
> ・認知を中心に介入（⇒認知療法など）
> 　▶認知の概念化と認知変容…多様な障害への適用／心理教育
>
> ・身体を中心に介入（⇒マインドフルネスなど）
> 　▶考え込みと体験回避の態度変容…現実の受容と，柔軟な問題対処

講義メモ

04 マインドフルネス　今現在の現実をあるがままに知覚し，感情や思考に囚われないようにすることを目指すアプローチ。瞑想というと，非科学的なニュアンスをもたれがちだが，脳神経生理学的な説明もなされており，今後の発展に注目が集まっている。

講義メモ

05 古典的条件づけ　パブロフの犬の実験で知られる条件づけ。犬に餌を与える際にベルの音を鳴らすことを繰り返すと，ベルの音だけで唾液分泌が行なわれるようになる。このように，本来結びつきのない刺激と反応の関係を形成することを，古典的条件づけという。レスポンデント条件づけとも呼ばれる。

06 オペラント条件づけ　スキナー箱の実験で知られる条件づけ。レバーを押すと餌が出る仕組みが設置された箱にハトを入れる。するとハトは，レバーを自ら押すようになっていく。このように，特定の行動に刺激を随伴させることで，その行動の生起頻度を変化させることを，オペラント条件づけという。

も興奮してしまったり，不安でなかなか内省できない，あるいは知的能力が高いが故に，頭の中でぐるぐる回ってしまう，不安ばかり先立ってしまう場合は，身体を落ち着かせる**呼吸法**などを使ったり**マインドフルネス**[04]という技法を使ったりします。

このようにさまざまな方法があるわけです。ですから，悪循環が見えてきたら，どの部分にどのような技法を使って介入するかが課題となります。それぞれに適した技法を使っていくということになります。

各問題ごとに，もっと細かい介入法がありますので，それはぜひこれから勉強していただければと思います。言い方を変えれば，認知療法だけを学べばよいとか，曝露反応妨害法だけを学べばよいというわけではないのです。認知行動療法の基本的な考え方を柔軟に使って，問題行動に対応していくことになります。

そして本講義でお伝えしてきたように，子どもの場合は，複雑にいろいろな要因が絡んでいますから，さまざまな技法を知っており，それを使い分ける柔軟性が必要です。「認知行動療法はこうだ」と決めつけて，マニュアルどおりにやるのでは，子どもの場合には適切に対応できません。上記のようなことを，まず知っていただくことが重要になるわけです。

2　認知行動療法の3つの系譜

認知行動療法には3つの系譜があります。それは，行動療法系，認知療法系，そして第3世代があります（図5-2）。

先ほど見た，曝露反応妨害法は**古典的条件づけ**[05]に由来する手法です。それから，応用行動分析は**オペラント条件づけ**[06]に由来する手法です。

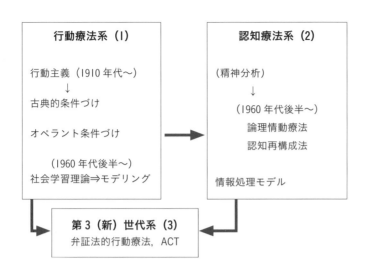

図 5-2　認知行動療法の 3 つの系譜

また，認知療法は，**情報処理モデル** [07] に由来しています。そして，今注目されているマインドフルネスは，**第 3 世代** [08] と言われています。認知行動療法といっても，一概に 1 つのものとは限らないのです。さまざまなものが発展していますから，このような中で何が必要かを，しっかり勉強して，柔軟に使っていく姿勢が求められます。

いろいろ学び、柔軟に使いわけよう

講義メモ

07 情報処理モデル　人間の認知に代表される高度な精神機能を，コンピュータの情報処理に見立てて理解するモデル。
08 第 3 世代　特に「どのような認知や行動をするか」といった認知や行動の内容ではなく「さまざまな認知や行動を，場面に応じて使い分けられるか」といった認知や行動の機能を重視するアプローチを第 3 世代と呼ぶことが多い。

3　認知行動療法の構造

認知行動療法の構造は，図 5-3 のとおりです。

まず，**アセスメント**を行ない**ケース・フォーミュレーション**を形成します。なお，ここで言うアセスメントとは，環境も全体を見ていきます。

介入においては，**環境調整**が重要です。日本で心理療法を学んだ人は，つい心や内的世界に入ってしまいがちです。ただまずは，環境の刺激を調整することです。刺激をコントロールをするよう，周囲の人，たと

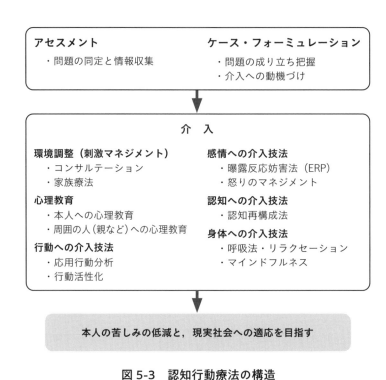

図 5-3　認知行動療法の構造

09 コンサルテーション　心理専門職ではない専門職に対し，心理学的な情報提供や助言などを行なうことにより，その活動をサポートすること。

10 行動活性化　活動記録表などを利用しながら，活動が全体として増加し，達成感や喜びを感じられるような活動スケジュールを設定していくこと。

11 怒りのマネジメント　アンガーマネジメントとも呼ばれる。怒りの感情と上手に付き合うための心理教育とトレーニングのこと。

えば保護者や教師に協力してもらいます。特にスクールカウンセラーは，**コンサルテーション**[09] をしながら環境を調整し，刺激をマネジメントしていくことになると思います。

それから，**心理教育**です。本講義でお伝えしたように，チームを作るためには心理教育として保護者や教師に，適切に説明できなければなりません。その際に，ケース・フォーミュレーションが形成できていることが，とても重要になります。

そして代表的な介入としては，**行動への介入**として応用行動分析や行動活性化[10] が，**感情への介入**として曝露反応妨害法，怒りのマネジメント[11] が，**認知への介入**は認知再構成法などが，**身体への介入**は呼吸法やリラクセーション，マインドフルネスなどがあげられます。

これらを柔軟に活用して，本人の苦しみを減らして現実社会への適応を目指すことが重要になります。常に現実の中で何が起きているかを確かめ，環境との相互作用その全体にかかわっていく視点が重要になるわけです。

4 柔軟な対応の必要性

1つ簡単な例をあげたいと思います。ポイント 2 は，子どもの強迫症の認知行動療法を用いた治療プログラムです。

> **ポイント2**　強迫症の子どもの認知行動療法プログラムの紹介（下山研究室）
>
> ①受付面接（1回）
> 　▶何が問題なのかを調べる
> 　▶特に強迫観念と強迫行為があるかを確かめる
> ②アセスメント（1～2回）
> 　▶問題の成り立ちについて詳しく調べる
> ③介入：曝露反応妨害法
> 　▶第1段階：問題に取り組む準備をする（2回）
> 　▶第2段階：ゆっくり曝露する。軽い症状から曝露の開始（4回）
> 　▶第3段階：進み具合の見直し。問題改善の程度をチェック（1回）
> 　▶第4段階：再び曝露。中心の症状に対する曝露実施（4回）
> 　▶第5段階：振り返りと卒業式。再発を防ぐ対策と終結（1回）
> ④フォローアップ（3回ほど，1か月に1回程度）

　何か嫌なこと，不安があると強迫行為で常に手を洗ってる場合「その行動をやめて，専門家と一緒に我慢してみましょう」というのが**曝露反応妨害法**です。この曝露反応妨害法について，全部で13～14回のプログラムができています。

　私たちは，このプログラムを長く実践してきました。その経験の中で，曝露反応妨害法が効く場合もかなりありますが，効かない場合もあるということがわかってきました。なぜだろうと調べる中でわかってきたことは，実は，強迫行為の中に発達障害の「こだわり」が入っている場合には，曝露反応妨害法が効かないということでした。

　そのようなことが起きる背景には，OCD（強迫症）の「強迫行為」とASD（自閉スペクトラム症）の「常同行動」は同じではないということがあったのです。例としては，OCDの強迫行為では何度も手を洗うとか，特定の物を避けるなどが該当します。それに対して，ASDの常同行動は，何度もおもちゃを整列したり，物を集めて捨てられなかったり，自分の好

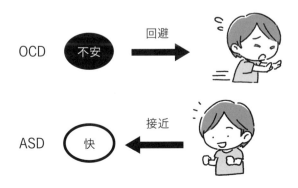

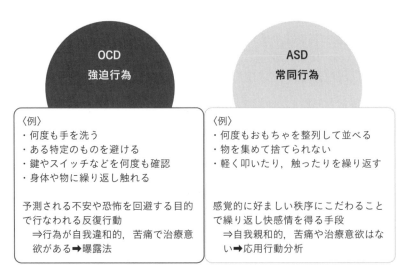

図 5-4　OCD の強迫行為と ASD の常同行動：2 種類の "こだわり"

きなように整えていくなどが該当します。実は，この両者は，同じように
見えて違っているのです。

　OCD の方の強迫行為は，予測される不安や恐怖を回避して，逃げている
ものです。そのため，曝露反応妨害法によって，直面して現実に向かってい
くことが重要になります。不安や恐怖に直面できると安心でき，だんだんよ
くなってきます。ところが，ASD の方の常同行動は，実は自分の感覚的に好
ましい秩序があり，それを求めて，自分が好きなことを繰り返しているんです。
ですから，止めようとしても止まりません。好きなことをやってるからです。
止められたらイライラするだけなんです。ですから，曝露反応妨害法には関
心を示しません。実施したとしても効果は非常に限定的です（図 5-4）。

　近年では，OCD の強迫行為や ASD の常同行動を含む幅広い概念として，
強迫スペクトラム障害という枠組み（図 5-5）で理解されるようになって

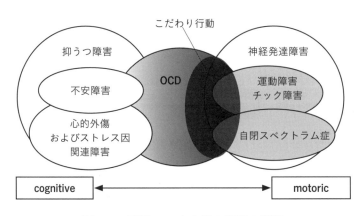

図 5-5　強迫スペクトラム障害の構造

います。

　図 5-5 のようにこだわりの問題については，cognitive（認知的）な不安や恐怖関係がある一方で，motoric（感覚運動的）な，ある種の秩序を求めるこだわり行動もあることが最近わかってきました。この motoric なこだわりに関しては，曝露反応妨害法が効かず，むしろ，無理なことをさせて，どんどん自信を失わせてしまうわけです。「僕，我慢できない，ごめん」となってしまう。

　そこで，発達障害の場合は，少しでも好きなことをして自信をつけてもらうことが大事です。好きなことを増やして，行動を変え，嫌なことを減らしていきます。嫌なことを止めるわけではなく，発達障害の場合は好きなものを増やしていく。それによって不適切な行動を減らしていくということが重要になっていきます。そこで ASD の場合は，**応用行動分析**が必要になります。

　多くの発達障害について，「できない指示をする」→「できない」→「叱る」→「自信を失う」という悪循環が起きています。それよりも，「できる指示」をして，できること・好きなことをやらせて，「できる」→「褒める」→「自信をもてる」という好循環を作り，少しでも適応行動を増やしていく。その結果として，不適切な行動が減ってくればよいのです（図 5-6）。

　したがって，問題のあり方，特に素因にかかわることが影響している場合は，やり方を変えていかなければなりません。このように柔軟に方法を選択するためにも，ケース・フォーミュレーションをしっかり形成して，どのような悪循環が起きているかを理解することが重要になるわけです。

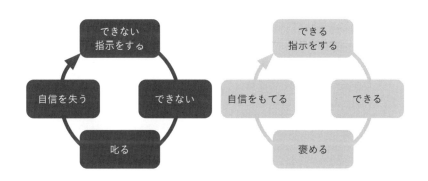

図 5-6　応用行動分析を用いて悪循環を好循環へ

5　応用行動分析のポイント

　応用行動分析のポイントは，次のとおりとなります。

ポイント3　　応用行動分析のポイント

・好ましい行動，望まれる反応を強化する
　▶褒める，ごほうび
・好ましくない行動，反応を消去する
　▶褒めない，無視する，タイムアウト
　▶切り替え，褒めて消す
・一度に何とかしようとしない
　▶スモールステップに分ける

講義メモ

12 タイムアウト　望ましくない行動が強化を受けないよう，刺激の少ない環境に移すこと。

　好ましい行動，望ましい反応に対し，褒める，ご褒美を出すなど強化していく。好ましくない行動や反応を，褒めない，無視する，タイムアウト[12]をする。あるいは，代替行動に切り替えて褒めることで，結果として好ましくない行動を消去する。少しでも適応的な行動ができたら「よくできたね」と言って褒める。一度に何とかしようとしないで，できることからしていく。こういうことをしながら，より好ましい行動を増やしていきます。

6　子どもの認知行動療法の流れ

　"こだわり"にも強迫症によるものと自閉スペクトラム症によるものがあるように，子どものいろいろな問題は，一見して同じように見えても，その成り立ちは違っている可能性があります。そこでしっかりと情報を取ってアセスメントし，問題について，どんな悪循環ができているのかを探っていきます。それらの情報を仮説（ケース・フォーミュレーション）として関係者に示し，悪循環を上手に変えていくようにチームを作っていきます。さまざまな技法が開発され，その効果がわかってきていますから，それらを柔軟に使っていきます。うまくいかなければ，何かこちらが見えてないことや足りていないことがあるだろうと考え，問題を見直していきます。そして，そのことを正直に伝えて，何が問題かを，もう一度確認していきます。そうすると，さらにいろいろなことが見えてくることがあります。このようにして，子どもの認知行動療法を進めていくことになるわけです。

7　PART1 のまとめ

　それでは最後に，まとめを行ないたいと思います。
　子どもの認知行動療法の専門家であり，世界をリードしているイギリス

のスタラード（Stallard, P.）は，子どもの認知行動療法の態度や発想を
PRECISE という言葉でまとめています。

> **ポイント 4**　**子どもの認知行動療法の態度：PRECISE**
>
> ・Partnership：パートナーとして，子どもと協働して問題解決
> ・Right developmental level：発達レベルに適したコミュニケーション
> ・Empathy：若者の気持ちを，共感的に理解する
> ・Creative：これまでのことにとらわれずに，自由で創造的な発想で対処
> ・Investigation：事実を調べ，新しい考えや行動を実験してみる
> ・Self-discovery：若者が自分を発見し，自己効力感をもてるように
> ・Enjoyable：楽しくできるように工夫する
> ・+Family：家族の協力を得る
>
> （スタラード／下山（監訳), 2022）

　まずは Partnership です。パートナーとして，子どもと**協働して**問題
解決していける関係性を作ること，お互いをリスペクトし合い，問題を共
有していくことです。

　次に Right developmental level です。**発達レベル**に適したコミュニケー
ションを行なうことです。小さい子どもには当然，一緒に遊びながら観察
をし，課題を出し，やっていきます。目の前の子どもにとって今，行動の調整，
あるいは考え方を変えるのが大事だと思えば，時にプレイセラピーを使い，
時に箱庭を使って，その子にとって必要な課題をしてもらい，行動を調整
していきます。そういう枠組みの中で使うと，日本の心理療法が培ってき
たイメージ技法はとても役に立つと思います。

　次に Empathy です。若者（子どもを含む）の気持ちを，**共感**的に理解
することです。日本の文化に根ざしたカウンセリングによる共感はとても
重要です。しかしそれだけでなく，問題をしっかりとアセスメントしてい
くことが必要になります。共感する姿勢だけでなく，より正確に共感する
ために，情報をしっかり取るというわけです。

　次に Creative です。これまでのことにとらわれずに，自由で**創造的な
発想**で対処することです。本講義で紹介したように，悪循環が起きてパ
ターン化している場合，そのパターンに乗って「そうだよね」「つらいよ
ね」と言っているだけでは，心理職も同じように悪循環に入ってしまいま
す。「いったいこの悪循環は何なんだろう？」ということを見つけるために
は，Creative でなければならないわけです。発想が自由でなければなりま
せん。「なぜこの子は，にらまれただけで自分のことを嫌ってると思うんだ

ろう」と考え，自由に Creative にその原因を探っていくことが大切です。

　次に Investigation，**事実**を調べることです。これも，大切です。子ども
もの言ったこと，親の言ったことはあくまで個人の認知です。そのため，
認知の偏りがあるかもしれません。「事実として，何が起きているんだろ
う？」という問いに対して，どんな場面で何が起きて，子どもがどう考え
て，どんな行動をしたのか，身体の反応はどうだったかなど，事実を調べ
ます。そのうえで仮説（ケース・フォーミュレーション）を形成して，そ
の仮説に基づいて介入を**試してみる**。こういうときに，心理学者として
の科学的な視点が非常に重要になります。仮説を作って，一緒に試してみ
て，結果を見ていくという，仮説検証の頭の使い方が必要になってくるか
らです。

　そして Self-discovery です。若者や子どもが**自分を発見**し「自分って
そんなところがあった」「結構できるじゃん」と，**自己効力感**をもてるよ
うにしていくことです。できるところからやっていく。それも，全体を見
ながらやっていきます。

　最後に Enjoyable です。**楽しく**できるように工夫をする。そこは遊戯
療法や箱庭療法も含めて，イメージを上手に使って，楽しくやっていくと
いうことが重要になります。

　さらに **+F** ということで，Family です。日本人の場合，子どもは家族
と一体となっており家族の影響力が非常に強いですから，**家族の協力を得**
て問題を外在化していくことが重要になります。

　最後に推薦図書としては，次のようなものがありますので，参考にして
いただけたらと思います。

> **ポイント5**　**推薦図書**
>
> ・下山晴彦（監訳）(2012)『認知行動療法臨床ガイド』　金剛出版
> ・下山晴彦（編著）(2017)『臨床心理フロンティアシリーズ　認
> 　知行動療法入門』　講談社
> ・下山晴彦（監訳）・松丸未来（訳）(2022)『[決定版]子どもと若
> 　者の認知行動療法ハンドブック』　金剛出版
> ・松丸未来・下山晴彦（監訳）(2020)『若者のための認知行動療
> 　法ワークブック』　金剛出版
> ・松丸未来・下山晴彦（監訳）(2020)『子どものための認知行動
> 　療法ワークブック』　金剛出版
> ・下山晴彦（監訳）(2013)『子どもと家族の認知行動療法』シリー
> 　ズ　誠信書房
> 　1.うつ病／2.不安障害／3.PTSD／4.摂食障害／5　強迫性障害

　特に，今日詳しく話さなかった個々のテクニックに関しては，『臨床心理フロンティアシリーズ認知行動療法入門』（下山，2017）が役に立ちます。ケース・フォーミュレーションを学ぶならば『認知行動療法臨床ガイド』（ウエストブルック・ケナリー・カーク／下山（監訳），2012）が詳しく書いてありますので，参考にしていただけたらと思います。

　子どもと若者の認知行動に関しては，「子どもと若者の認知行動療法」「子どもと家族の認知行動療法」のシリーズが，具体的なケース・フォーミュレーションから介入技法まで解説されていますので，ご覧になるとよりケース・フォーミュレーションが立てやすくなると思います。

　以上で終わりたいと思います。ありがとうございました。

> **まとめ**
>
> ・認知行動療法では，ケース・フォーミュレーションに基づき，認知，感情，身体反応，行動に介入する技法を柔軟に使い分ける。
> ・こだわりの背景に強迫症がある場合もあれば，自閉スペクトラム症がある場合もあり，有効な介入技法は異なる。このように，用いる介入技法を決めつけず，さまざまな技法を学び，柔軟に活用する姿勢が求められる。

確　認　問　題
TEST 1

以下の文章について，正しい文章には○，正しいとは言えない文章には×をつけなさい。

(1) 子どもに対する認知行動療法のエビデンスは十分ではない。　　　　（　　　　　）

(2) 子どもにとって，自己の活動のモニタリングは難しい。　　　　（　　　　　）

(3) 多くの場合，子どもは問題解決への動機づけが強い。　　　　（　　　　　）

(4) 子どもの問題は，環境と複雑に絡み合っていることが多いため，個人と環境を切り分けて独立して考えることが重要となる。　　　　（　　　　　）

(5) 子どもの問題に関する仮説は，子どもの認知を歪める可能性があるため，可視化は行なうべきではない。　　　　（　　　　　）

(6) 認知行動療法では，セルフケアが重視される。　　　　（　　　　　）

(7) 子どもに対する認知行動療法は，マニュアルを厳守して実施すべきである。　　　　（　　　　　）

(8) 子どもに対する認知行動療法においては，非言語的ツールも積極的に用いるべきである。　　　　（　　　　　）

(9) 子どもの困りごとを具体的に聴くと，子どもが混乱し不安に陥る可能性があるため，具体的に聴くことは避ける。　　　　（　　　　　）

(10) 問題の維持に関するフォーミュレーションのことを，マクロ・フォーミュレーションと呼ぶ。　　　　（　　　　　）

確 認 問 題
TEST 2

以下の問いに答えなさい。

(1) 以下の①〜⑥にあてはまる語を答えなさい。

　　1.複数の論文を統計的に集計し,効果のある心理療法を見いだそうとする方法を（　①　）と言う。

　　2.自分以外の価値観を過剰に優先し,それに対し無自覚的に順応している状態を（　②　）という。

　　3.問題を発現させて維持させている,悪循環に関する仮説のことを（　③　）と言う。

　　4.クライエントが非協力的で,問題克服に向けた動機づけが低い状態にあるときに用いられる面接技法を（　④　）と言う。「どのように変われたらよいですか?」などと問いながら,本人から自ら変化を求める発言を引き出していく。このような発言を（　⑤　）と言う。

　　5.解決したい問題としてクライエントによって語られる内容のことを（　⑥　）と言う。

(2) 以下の表は,行動変容ステージモデルにおける動機づけの段階を示したものである。①〜⑥にあてはまる動機づけの段階名を,下記の語群から選んで答えなさい。

①	自分が変わるということは,まったく考えていない
②	問題に気づいているが,向き合うまで準備ができていない
③	「少し試してみよう」という気になっている
④	簡単な課題は達成できており,次の課題を考えている
⑤	獲得したスキルを継続して,日常生活で使えるようにする
⑥	再発したときに対処する方法を身につける

【語群】　準備段階　　維持段階　　再発対処段階　　実行段階　　前考慮段階
　　　　　考慮段階

確　認　問　題
TEST 3

以下の問いに答えなさい。

（1）以下の図はケース・フォーミュレーションに関するものである。以下のア〜サのエピソードについて，①〜⑤のどの部分に該当するか，あてはまる記号を答えなさい。

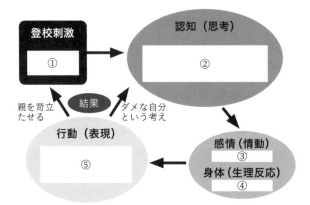

ア．友だちにからかわれないだろうか　　イ．学校に行く準備は，完璧だろうか
ウ．泣く　　エ．怖くて心配　　オ．動悸，震え　　カ．気持ち悪くなったらどうしよう　　キ．じっとして動かない　　ク．学校から逃げ帰る
ケ．母親から「早く学校に行きなさい」と言われる　　コ．教室に入ろうとしない
サ．何か忘れ物はないか

（2）認知行動療法のプロセスについて，①〜⑤にあてはまる文章を記号で選んで答えなさい。

ア．心理教育と協働関係,動機づけの形成　　イ．評価と介入法の修正　　ウ．ケース・フォーミュレーション　　エ．カウンセリングとアセスメント　　オ．効果が実証されている介入法の選択

確 認 問 題
TEST 4

以下の問いに答えなさい。

(1) 主に子どもに用いられる遊戯療法や箱庭療法には，有効性だけでなく問題点も存在する。どのような問題点があるか述べなさい。

(2) 子どもに認知行動療法を行なうにあたって必要なことは何か，説明しなさい。

(3) 認知行動療法の介入の基本的な手続きについて説明しなさい。

(4) 支援への動機づけが低い子どもに対して，どのように対応するか具体的な声かけの例などもあげながら説明しなさい。

(5) 子どもへの認知行動療法の実施における，親へのかかわりについて述べなさい。

(6) 応用行動分析を用いて悪循環を好循環へと変えていく流れを説明しなさい。

解答例

TEST 1

(1) ×　子どもの認知行動療法は2000年前後から，さまざまなエビデンスが出ている。

(2) ○

(3) ×　子どもは問題意識が薄く，それと関連して問題解決への動機づけが弱いことが多い。

(4) ×　子どもの問題は，家族や学校などの環境と複雑に絡み合っているため，個人だけ取り上げて，個人の考え方を変えていくという取り組みでは，問題は簡単に解決しない。

(5) ×　問題を関係者や本人と共有するために，目に見えるかたちで表す。

(6) ○

(7) ×　子どもに対しては，マニュアル型の認知行動療法は通用しないことが多い。

(8) ○

(9) ×　子どもの困りごとはできるだけ具体的に尋ねる必要がある。

(10) ×　問題の維持に関するフォーミュレーションは，ミクロ・フォーミュレーションと呼ばれる。

TEST 2

(1) ①メタ分析，②過剰適応，③ケース・フォーミュレーション，④動機づけ面接，⑤チェンジトーク，⑥主訴

(2) ①前考慮段階，②考慮段階，③準備段階，④実行段階，⑤維持段階，⑥再発対処段階

TEST 3

(1)
①ケ
②ア，イ，カ，サ
③エ
④オ
⑤ウ，キ，ク，コ

(2) ①エ，②ウ，③ア，④オ，⑤イ

TEST 4

(1)　遊戯療法では，治療構造としてプレイルームの枠組みの存在が大前提になっており，そのことによって，現実生活からの遊離が起こる可能性がある。そのため，プレイルームの枠組みの中だけに注目して，家庭や学校の中で対処しなければならない問題を回避してしまうことがある。また心理専門職も「プレイルームに来ているから」「箱庭をやってるから」と，プレイルームの外にある現実生活に介入しなければならない場面を軽視してしまう可能性がある。

　また，遊戯療法では，遊ぶこと自体の成長促進機能が前提とされているが，自閉スペクトラム症（ASD）の子どもたちは，自由に遊ぶことが苦手という問題をもっている。ADHDのように衝動性や自己中心性が強い子どもたちに対しては，遊戯療法が重視する主体性が，衝動性を助長してしまう危険性もある。発達障害に限らず，遊戯療法や箱庭療法が重視する無意識やイメージを不用意に表現してしまうことによって，不安や混乱を助長してしまう危険性もある。さらに，遊戯療法や箱庭療法では，子どもの自己実現能力への信頼が重視されているが故に「問題のありか」をしっかり見ないで対応をしてしまう可能性がある。

　以上のように，遊戯療法や箱庭療法には，独自の有効性は認められつつも，さまざまな問題点もあるため，有効性を活かしつつどのように支援に組み入れていくかは工夫が必要となる。

(2)　子どもの認知行動療法で必要なことは，まず，子どもとの間で，自然で楽しいコミュニケーションをすることである。このとき，日本で発展している遊戯療法や箱庭療法，イメージ技法，描画法やスクイグル法はコミュニケーションの手段としても，動機づけを高めるという意味でも，役に立つ。

　また，問題状況を明らかにし共有していくことも重要になる。家族や教員など周囲の方と協力をして，チームで支援をすることも，より必要になる。

(3)　認知行動療法による介入を行なうにあたり大事なことは，クライエントとの間で協働関係を形成し，パートナーシップを維持していくことである。認知行動療法は，問題の悪循環を変えていく作業であり，場合によってはその不安な状況に直面し，問題を変えていかければならない。その作業を一緒に行なうための，信頼感や協働関係を作ることが求められる。そのために必要なものが心理教育である。問題を維持している悪循環を見つけてケース・

フォーミュレーションを作り，そのケース・フォーミュレーションを活用して，問題を理解できるようにクライエントや家族に伝え説明していくことで，協働関係を構築し，変化への動機づけを高めていく。

　そのうえで，効果が実証されている介入法を選択し，介入を始める。そして，課題（ホームワーク）を出していく。認知行動療法は，守られた空間の中で何かをするだけではなく，問題が起きている日常の場面において問題状況を変えていくことが重要となる。そのために面接室の中だけでなく，日常の場面で「次の回に来るまでに課題をチャレンジしてきてね」という働きかけを行なっていく。ここは，通常の治療構造という守られた枠だけで実践する心理療法や遊戯療法と，発想を大きく変えなければならない点と言える。

(4)　支援への動機づけが低い子どもは，「何かが変わる」ということを考えていないことが多い。そこで「どんなことでもいいので，何か変えたいと思うことあるかな？」「心配事が少なくなるために，学校での生活がどのように変わればいいと思う？」「本当はやりたいのに，できていないことある？」などと尋ねてみて，対話しながら変化の可能性を意識化する。子どもたちは「自分が悪いから」「自分がいなくなればいい」といったことを考えてしまいがちだが，何かの原因があって問題が起きており，その原因を変えることで何かが変わる可能性があるということを，一緒に共有していく。「自分はもっと幸せになるかもしれない」という希望をもてること，あるいは，その可能性に少しだけでも気づくことが，大事である。共感的理解に基づきカウンセリングを実施することで，子ども自身が理解されていると感じるようにしていくことが大切である。

　また，残念ながら，子どもの願望と現実が違うことがある。そのズレを明らかにしながら，一緒に現実と直面していくことが求められる。しかし，子どもたちにとって，怖い現実に向かっていき不安に直面するのはつらいため，現実を認めることに抵抗が生じやすい。そのようなときに，その不安や抵抗を批判するのではなく，むしろ共感を示し，不安を抱きながらも何とかしたいというアンビバレントな気持ちを受け止めることが大事となる。その中で「朝起きることができている」とか「外に出ることができている」など，少しでも現実でできていることを

評価し，自己効力感をもてるように励ましていくことが重要と言える。

(5)　まずは親にケース・フォーミュレーションを示すことで，「子どもは問題行動をわざとしているのではない」「悪循環に支配されている」といったことを説明し，子どもと家族と心理職で，力を合わせて問題に立ち向かいましょうと促す。そして，問題の発生と維持のメカニズムについて，大人が問題を維持していたり，影響を与えていたりする可能性を具体的に説明していく。悪循環にはならない適切な命令や指示ならば，問題はある程度解決しているはずであるため，悪循環が起こっている以上，現在の親の命令やアドバイスをやめて，当座のところは子どもの問題のコントロール権も，心理職に託すように依頼する。ただその場合は，心理職は専門家として問題をしっかり把握して，適切な指示ができなければならない。そのような意味でも，アセスメントをしっかり実施し，ケース・フォーミュレーションを形成して問題を把握していく過程が，とても重要になる。

　子どもの問題のコントロール権を心理職に託す代わりに，家族には子どもの長所に視点を移し，子どもの頑張りを褒め，子どもの努力をサポートする役割を依頼する。心理職は「子どもと協力して，問題に直面する努力をしますから，うまくいったら褒めてあげてください」というシステムやチームを作っていくことが大切となる。

(6)　無理なことをさせても自信を失っていくことが多いため，少しでも好きなことをして自信をつけてもらうことが大事になる。そこで，嫌なことを止めるわけではなく，好きなものを増やしていくことで，不適切な行動を減らしていくということが重要になる。

　そこで応用行動分析では，「できない指示をする」→「できない」→「叱る」→「自信を失う」という悪循環にまず注目する。そして，その状況に対して，代替行動に切り替えて褒めることで，結果として好ましくない行動を消去していく。少しでも適応的な行動ができたら「よくできたね」と言って褒めていく。一度に何とかしようとせず，できることからしていくことで，より好ましい行動を増やしていく。以上が応用行動分析を用いた悪循環を好循環へと変えていく流れである。

PART 2

認知行動療法を活用した
スクールカウンセリングの展開

スクールカウンセリングを面接室内で展開するだけでなく、学校コミュニティ全体に心理支援を行き渡らせるために認知行動療法を活用するポイントを事例を交えて解説します。

講　義

小堀彩子
大正大学心理社会学部　准教授

0 はじめに：講義の概略

1. 本講義の概略

||||||||||||||||||||||||||||||||||||||||||||||||

　大正大学の小堀彩子です。よろしくお願いします。本講義では，認知行動療法（Cognitive Behavior Therapy：認知行動療法）[01]を活用したスクールカウンセリングの展開について述べたいと思います。

　まず，今回の講義の概略から述べます。次の4つのテーマに沿って，進めていきたいと思います。

1. スクールカウンセリング活動と認知行動療法
2. 認知行動療法を基礎とした支援の6ステップ
3. 認知行動療法を活用した学校での支援の7つのコツ
4. 問題別対応方法

　まず最初に，スクールカウンセリング（以下SC）活動と認知行動療法についてですが，小学校と高等学校におけるスクールカウンセラーの1日の業務の例を示しながら説明したいと思います。まずはこの内容を通じて具体的な業務内容をイメージしていただきたいです。その後，SC活動の全体像についてまとめ，最後にSC活動と認知行動療法の関連について説明します。

2. 本講義のポイント

||||||||||||||||||||||||||||||||||||||||||||||||

　最初のテーマは「スクールカウンセリング活動と認知行動療法」です。

　ここでの学習のポイントは，まず，SCの1日の勤務の実際を見ながら，SC活動の内容，場，対象を理解することです。次に，SCに対する学校からのニーズを知り，その実践のために何を身につけるべきかを知ることです。

　2つめとして「認知行動療法を基礎とした支援の6ステップ」について述べます。こちらでは認知行動療法をベースとした支援を，関係作りから終結までの6つの段階に分けて説明します。各段階で取り組むべき課題や，そのときに用いると便利なツールの紹介を通じて，認知行動療法の特徴を理解してください。

　ここでの学習のポイントは，認知行動療法を基礎とした介入方法の一連の流れを知ることです。また，介入の各段階で使いやすいツールや考え方について知ることもポイントです。

　3つめのテーマは「認知行動療法を活用した学校での支援の7つのコツ」です。実は認知行動療法は学校現場と，とても相性のいいカウンセリングの方法です。そこで，どのように相性がよいのかを述べます。そして，学校現場で発生する問題を解決するために用いると便利な，認知行動療法に基づく考え方やテクニックについて述べたいと思っています。また合わせて，学校現場でしばしば見られる先生や保護者・お子さんの反応や，それらの反応にどのように対応して，どのように解決していけばよいのか，アイデアを述べます。

　ここでの学習のポイントは，まず，SC活

とにかくCBTを使いたい　　　　　学校で、どう使える？

BAD

学校の問題、どうしよう？

GOOD

CBTが使えないかな？

動を効果的に展開するうえで，認知行動療法をどのように活用すればよいかを知ることです。学校の問題をどのように解決していくかが先であって，認知行動療法が先にあるわけではありません。学校の問題をうまく解決するうえで，「認知行動療法が適切に使えれば，とてもラッキーだね」という考え方が基本です。この順番を間違ってしまうと本末転倒になるので，まず学校の問題をどのように解決していくか，そこが第一だということを，しっかりと念頭に置いておいてください。次のポイントは，認知行動療法を学校現場で活用する際，留意すべき事柄を知ることです。

　4つめのテーマは「問題別対応方法」ということで，学校現場で特に多く生じる**不登校[01]**や**スマホ依存[02]**の問題と，**発達障害**に関して取り上げます。

　不登校では，スマホやゲーム・パソコンとの不適切なつき合い方が，問題になることが多いです。そのため，スマホ依存や生活習慣といった内容にも触れます。小学校・中学校・高等学校と，スクールカウンセラーが活躍する場はいろいろありますが，どの段階においても不登校のお子さんというのは必ずいるわけです。ということは，SCを行なううえで，まず不登校の問題を適切に導くことのできるスクールカウンセラーであることは非常に大事だと思っています。そこで今回，この問題別対応方法の中で，不登校の問題を取り上げました。

　それからもう一つの発達障害に関しては，適切な行動を本人に身につけてもらうための仕掛けをいかに作っていくかということについて説明します。発達障害は，国が**特別支援教育[03]**を推進しており，重点的に取り組まれている分野です。そのため，学校の先生の発達障害の問題に対する感度はと

講義メモ　　　　　　　　　　　　　　　　　　　　宮川 純（河合塾KALS講師）

01 不登校　文部科学省は「何らかの心理的，情緒的，身体的あるいは社会的要因・背景により，登校しないあるいはしたくともできない状況にあるため年間30日以上欠席した者のうち，病気や経済的な理由による者を除いたもの」と定義づけている。現在は登校拒否とは表現しないことに注意。
02 スマホ依存　2022年より発効されるWHOの国際疾病分類ICD-11では，新たにゲーム依存がゲーム障害として加えられることになった。今後，対応が求められる分野の一つと言える。
03 特別支援教育　発達障害児や，視覚・聴覚などの障害をもつ者に対し，学習・生活上の困難を克服し自立を図るために，一人ひとりの状況に合わせて行なわれる教育のこと。以前の特殊学級からの変化は，発達障害児も対象とするよう明記された点にある。

ても高いです。ということは，必然的にスクールカウンセラーにも，要請が高まっている領域です。したがって，発達障害の問題を適切に取り扱えるSCであることは，非常に大事なことかと思います。

　ここでの学習のポイントとして，まず，不登校とそれに関連した問題について，認知行動療法の考え方を用いた介入のポイントを知るということです。そしてもう一つが，発達障害とそれに関連した問題について，認知行動療法の考え方を用いた介入のポイントを知るということです。

　以上が本講義の概略です。これからは一つひとつ，テーマに沿って見ていきましょう。

スクールカウンセリング活動と認知行動療法

1 あるスクールカウンセラーの1日（小学校編）

ここからは架空事例を用いて，あるスクールカウンセラーの1日を紹介していきたいと思います。

ポイント1　あるスクールカウンセラーの1日（小学校編）1

A小学校［勤務条件：月4回，7時間］

9：45～10：00	出勤，SC担当教諭と打ち合わせ
10：00～10：50	乳児がおり，保護者がネグレクト気味の小4男児の家庭へ担任と訪問
11：00～11：50	複数回の万引き歴があり，学校では落ち着きのない小6男児への接し方の方針を，保護者と担任を交えて話し合い
12：00～12：50	別室登校トライアル中の小5不登校女児のかかわりを，保護者と担任を交えて打ち合わせ
12：50～13：20	給食を3年A組で食べる

まず，小学校編です。A小学校の勤務条件は月4回[01]で，勤務時間は7時間となっています。勤務時間は10時から始まりますが，9時45分ぐらいから出勤してSCの担当教諭と打ち合わせをします。

10時から，1ケースめが始まりました。乳児がいて保護者がネグレクト[02]気味の，小4男児の自宅に担任と訪問しました。児童相談所が出動するほどの深刻な虐待のケースは，それほど多くはないかもしれませんが，ネグレクト傾向と言いましょうか，保護者がいっぱいいっぱいになっていて子どもへの手が十分に回らない，軽い虐待傾向の家は現場で多く見ます。そのようなケースへの対応を，しかも家庭訪問というかたちで行ないました。

11時からは，複数回の万引き歴があって，学校では落ち着きのない小

講義メモ

01 スクールカウンセラーの勤務条件　文部科学省によると，スクールカウンセラーは非常勤職員で，相談体制は1校あたり平均週1回，4～8時間といった学校が多いとされている。
（文部科学省：スクールカウンセラーについて）

02 ネグレクト　児童虐待の一つ。児童の心身の発達を損なう衣食住環境や医療環境を，長時間放置しておくこと。保護者としての責任を放棄している状態。

6 男児への接し方の方針を，担任を交えて保護者と話し合いました。非行の問題も，学校現場でたくさん出てくるテーマです。

そして 12 時から，別室登校トライアル中の，小 5 **不登校**女児のかかわりについて，担任を交えて保護者と打ち合わせをしました。この不登校の問題については，後で詳しく述べたいと思います[03]。

12 時 50 分からは，お昼休みです。3 年 A 組にて給食を子どもたちと一緒に食べました。

講義メモ

03 不登校への対応 本講義「4 問題別対応方法」を参照。

ポイント 2 あるスクールカウンセラーの 1 日（小学校編）2

A 小学校［勤務条件：月 4 回，7 時間］

13：30 ～ 14：20	授業中に教師や友人に対する暴言が頻繁な小 3 女児がいるクラスでの観察
14：30 ～ 15：20	上記の観察結果を教師にフィードバック
15：30 ～ 16：20	手洗いが頻繁な小 5 女児に対する対応方法について保護者と担任に説明
16：30 ～ 17：20	頭を打ちつける癖がやめられない自閉スペクトラム症の小 3 男児への接し方の方針を保護者と担任を交えて話し合い
17：30 ～ 17：45	報告書制作，先生方と情報交換
17：45 ～ 18：00	養護教諭と打ち合わせ，退勤

続いて 13 時半から午後の勤務です。授業中に教師や友人に対する**暴言**が頻繁な小 3 女児がいるクラスでの観察を行ないました。実は，先ほど 3 年 A 組で給食を食べたとお伝えしましたが，これは，スクールカウンセラーの存在を子どもたちに知ってもらうために皆と楽しく給食を食べるという意味合いだけではなく，この 13 時半からのセッションで観察予定の女児を見る目的もありました。そのため，給食に引き続いてクラスで観察をしました。

いっしょに給食を食べつつ、観察

先生方にフィードバック
今後の作戦会議

14時半からは，先ほどの観察結果を先生にフィードバックしました。お子さんと先生の間で起こっている相互作用や，お子さん同士の間で起こっている相互作用をとらえて，いったいどんな悪循環が起きているのか，それを改善するにはどのようなかかわり方に変えていけばよいのかといったことを先生にお話ししながら，一緒に作戦会議をしました。

それから15時半からは，手洗いが頻繁な小5女児への対応方法について，保護者と担任に説明しました。手洗いが頻繁ということで**強迫症**[04]，あるいは**強迫傾向**があるお子さんということになります。強迫傾向は，小学校の高学年ぐらいからちらほら出てきますので，小学校の現場に入るうえで，スクールカウンセラーにもある程度の精神疾患の知識が求められます。

次に16時半から，頭を打ちつける癖がやめられない**自閉スペクトラム症**[05]の小3男児への接し方の方針を，担任を交えて保護者と話し合いました。このような発達障害絡みのお子さんの問題についても，後述したいと思っています[06]。

17時半からは報告書を作成したり，先生方と情報交換をし，17時45分から18時まで養護教諭と打ち合わせて退勤となります。小学校のSCの1日について，架空ではありますけども，典型例と思われる事例を組み合わせて紹介しました。

講義メモ

04 強迫症　強迫観念と強迫行為から成る精神疾患の一つ。

強迫観念とは，自分自身ではそれが無意味であり，考える必要がないとわかっているものの，反復して出現し止められない思考を指す。(例:「不用意に物に触れると，他人の汚れが自分についてしまう」)強迫行為とは，強迫観念による苦痛や不安を予防したり緩和したりするために，明らかに過剰に反復的に行なわれる行為のことである。

05 自閉スペクトラム症　コミュニケーションの困難さとこだわりの強さを特徴とする発達障害の一つである自閉症のうち，特に言語的な困難が少ない場合を指す。

06 発達障害への対応　本講義「4　問題別対応方法」を参照。

2　あるスクールカウンセラーの1日（高校編）

次は高校の事例を見てみましょう。

> **ポイント3**　あるスクールカウンセラーの1日（高校編）1
>
> B高校［勤務条件：月4回，8時間］
>
> | | |
> |---|---|
> | 9：45 ～ 10：00 | 出勤，養護教諭と打ち合わせ |
> | 10：00 ～ 10：50 | うつ病で不良な家庭環境の高2女子生徒とストレス対処について検討 |
> | 11：00 ～ 11：50 | 自傷行為への対処，自殺予防に関する教員向け研修 |
> | 12：00 ～ 12：50 | 不登校の高2男子生徒とのかかわりを，保護者と担任を交えて打ち合わせ |
> | 12：50 ～ 13：20 | 昼ご飯，虐待傾向家庭の件でスクールソーシャルワーカー（SSW）と電話 |
> | 13：30 ～ 14：20 | パーソナリティ障害の高1女子生徒が通う病院心理士から検査フィードバックと対応検討 |

中学校は…？と思われた方もいるかもしれませんが，中学校を意図的に抜いたというよりも，小学校と高校だと発達段階にかなり幅があるので，出てくる問題のバリエーションが多いと思い，あえて今回は小学校と高校を取り上げました。

B高校は月4回の8時間勤務です。9時45分から出勤して，打ち合わせを行ないました。

10時から，**うつ病**を患っているうえに不良な家庭環境の高2女子生徒と，ストレス対処について検討をしました。学年が上がってきて，特に高校生ともなると，子ども自身が精神疾患の問題で苦労しているという状況は，かなり増えてきます。

11時からは教員向けの研修です。研修内容は，**自傷行為**への対処と**自殺予防**に関するものです。自傷行為の中でもリストカットは，子どもたちの中で一つのストレス発散方法として，特に不健全な友だちのグループ内で，はやっていることがあります。実際それを目の当たりにすると，先生方も動揺され，とても現場が混乱します。そのため，研修としてはとてもニーズの高い内容です。自殺についても，件数はもちろん多くありませんが，いったん起きるときわめて現場が混乱するテーマですので，自殺予防にかかわるリスクアセスメントについても，先生方は知りたいところかと思います。

12時から**不登校**の高2男子生徒とのかかわりを，担任を交えて保護者と打ち合わせをしました。高校生でも，不登校は一定の確率で発生します。

12時50分からはお昼休みですが，お昼ご飯を食べ終えてから虐待傾向の家庭の件で，**スクールソーシャルワーカー**[07]と打ち合わせをして方針を決めました。最近，スクールソーシャルワーカーが非常に増えてきましたので，彼らとの連携もSCの活動の中で大事になってきています。

次に13時半から，**パーソナリティ障害**[08]の高1女子生徒が通う病院の心理士から，検査のフィードバックを受け，担任と一緒に対応の検討をしました。病院に限りませんが，他専門機関との連携も，SCには求められることが多いです。

続いて14時半から，不登校の高2男子生徒本人が来て，登校中のパニック発作への対処を検討しました。高校になると徒歩圏内に自分の学校がある人は少なくて，バスや電車で通学する人が増えてくるわけです。すると「電車に乗ると息苦しくなってつらい」「電車に乗れなくて学校に行けなくなってしまう」といった問題が出てきます。ですので，**パニック発作**[09]ならびにパニック症への対処に関する知識が，SCにも求められます。

15時半からは**性別違和**[10]の高1女子生徒と，親との距離の取り方について話し合いをしました。性別違和については今回詳しく取り上げませんが，性的マイノリティーについては，メディアでもしばしば取り上げられ

講義メモ

07 スクールソーシャルワーカー　関係機関との連携・調整や児童を取り巻く環境の問題への働きかけを通じて，児童・生徒を取り巻く状況を改善していくことを役割とする専門職。主に社会福祉士や精神保健福祉士が担うことが多い。

08 パーソナリティ障害　極端に偏ったパーソナリティ特徴により，属する文化において期待されることから逸脱し，社会的・職業的な活動に支障をきたす，持続的で広範かつ変化しにくい行動と内的経験のパターンをもつ者のこと。

奇異さが目立つA群，派手さが目立ち周囲を巻き込むB群，不安が目立つC群に分類される。

09 パニック発作　突然に生じる急激な不安の高まりのこと。動悸，発汗，震え，息苦しさ，めまい，胸腹部の不快感などの身体症状を引き起こし，今にも死んでしまうのではないか，発狂してしまいそうだと感じ，周囲の人々に助けを求める。

客観的に不安を引き起こす状況とは無関係に発作的に発症するので，心理的要因との結びつきはそれほど強くない。二酸化炭素に対する過敏性や，神経伝達物質の異常，扁桃体の過活動が原因の一つとして考えられている。

10 性別違和　生物学的性別と性自認が一致しないこと。生物学的には男性（女性）でありながら，自分は女性（男性）であると感じる，あるいは女性（男性）として振る舞うほうがふさわしいという体験が持続している。

ており，社会の動きに連動して相談も増えていますので，例として入れました。

16時半からは，スマホとのつき合い方に苦慮している高1女子生徒と話し合いました。親が買い与えてはみたものの，子どもが依存する様子に焦って急に取り上げ，その結果親子関係が悪化するというかたちで問題が露呈することがよくあります。このスマホ依存についても，後述したいと思います[11]。

17時20分からの最後のケースは，**発達障害**の高3男子生徒の進路について，保護者と話し合いをしました。高校生においては，社会にいかに適応していくかという進路関連の話が結構増えてきます。ですので，進路関係の知識も高校のスクールカウンセラーには必要になってくるかと思います。

最後に18時半以降は報告書を作ったり，さまざまな先生方と情報交換をしたりして退勤という流れになっています。

講義メモ

11 スマホ依存への対応　本講義「4　問題別対応方法」を参照。

ポイント4　**あるスクールカウンセラーの1日（高校編）2**

B高校［勤務条件：月4回，8時間］

14：35 ～ 15：20	不登校の高2男子生徒本人と，登校中のパニック発作に対する対処を検討
15：30 ～ 16：20	性別違和の高1女子生徒と親との距離のとり方について話し合い
16：30 ～ 17：20	スマホとのつき合い方に苦慮している高1女子生徒と話し合い
17：20 ～ 18：30	発達障害高3男子生徒の進路の問題について，保護者と話し合い
18：30 ～ 19：00	報告書作成，養護教諭やその他の教員との情報交換，退勤

3　SC活動の内容，場，対象

架空の例をとおして，SCの具体的な活動をイメージができたのではないかと思います。この例を念頭に置きながら，SC活動について整理しました。活動の内容，場，対象で分けています。

> **ポイント 5**　　SC 活動の内容，場，対象
>
> ・内容：SC 活動の 5 本柱（黒沢・元永・森, 2013）に沿って分類
> 　①②カウンセリング・コンサルテーション：不登校，授業離脱・
> 　　妨害，発達障害，非行，精神疾患（うつ，パニック症，強迫
> 　　症），生活習慣・スマホ依存，進路，性別違和
> 　③心理教育：自殺を含めた精神疾患に関するリスクの見積もり
> 　　についての知識提供，自傷行為への対処・問題の介入方法・
> 　　経過に関する知識提供
> 　④危機介入：自殺，自傷，虐待（災害・事件・事故）
> 　⑤システム構築：各専門家がそれぞれの専門性を発揮して活動
> 　　できるための仕組み作り
> ・場：相談室，教室，家庭
> ・対象：児童・生徒，保護者，教師，SSW，専門機関

　まず，**内容**です。ポイント 5 に示したものは，ブリーフセラピーの専門家でいらっしゃる黒沢幸子先生がまとめられた SC 活動の 5 本柱です。

　まず，**カウンセリング**と**コンサルテーション**です。この 2 つは扱う内容がほとんど一緒なので 1 つにまとめました。本講義においてカウンセリングは子どもに対して行なう介入，コンサルテーションは，子どもを支援する保護者や教師に対して行なう介入，また一緒に協働して作戦会議をすることとして定義します。そのカウンセリングとコンサルテーションに関して，先ほどあげた SC の 1 日の事例を分類しますと，不登校の問題や授業離脱・妨害の問題，それから発達障害や非行，精神疾患，あと生活習慣やスマホ依存の問題，進路，そして性別違和といった内容がカウンセリングやコンサルテーションに該当するものとして扱われます。

　3 つめの柱が**心理教育**[12]です。先ほどの事例で言いますと，自殺を含めた精神疾患に関するリスクの見積もりについての知識提供や，自傷行為への対処，問題への介入方法，経過に関する知識提供といったことが比較的ニーズが高いと思います。子どもたちが安全な状況で学校生活を送ることができるということは，学校における生徒指導の理念の中心です。そのため，先生方はリスクの見積もりに関してとても敏感になっており，心理教育としてのニーズが高いと思います。

　それから柱の 4 つめが**危機介入**[13]です。先ほどの事例で言えば，自殺や自傷の問題，それから虐待の問題が分類されます。また，先ほどの例にはありませんでしたが，災害や事件・事故が突発的に起こることもあります。そういったことへの介入も心理専門職には求められています。

　最後の柱が**システム構築**です。これは，各専門家がそれぞれの専門性を発揮して活動するための仕組み作りになります。たとえば，スクールカウ

<hr>

講義メモ

12 心理教育　心理的な問題についての知識や情報を伝達すること。ストレスへの対処方法や，対人スキルを教えることも含む。心理療法とは異なり，知識や情報による認知レベルへの働きかけが重視され，主体的な問題の受容や対処技術の向上が期待される。

13 危機介入　事件，事故，災害，犯罪などの危機状態に陥っている者や集団，コミュニティに対し，危機からの回復を援助するために，迅速かつ集中的になされる活動のこと。

ンセラーの活動や存在があまり知られてないような学校であれば，広報活動をすることがシステム構築の一つになります。他にも，いろいろな専門家がうまく連携できるように，「こういった機関に働きかけてほしい」ということを，スクールカウンセラーから相談室担当の先生に呼びかけることもあります。また「こういう機関を私は知っているんだけれども，連絡してもいいだろうか」「こういう機関があることをご存じですか」と聞いてみるなど，スクールカウンセラーから積極的に発信して活動しやすくしていくことが求められます。先生方は，地域にある代表的な公的な相談機関は知っていらっしゃる場合が多いですが，私設の心理相談オフィスであったり，連携がとりやすいクリニックの情報であったりといった細かな情報までは把握していないことがあるので，スクールカウンセラーから発信していくことが，システム構築をするうえでとても大事だと思います。

相談室で待っているだけの
スクールカウンセラー

心理師として何ができるか
積極的に発言していく
スクールカウンセラー

　また，前任のスクールカウンセラーがいた場合，その方のイメージが強いことがあり「前任者がやらなかったことは，きっと今回のスクールカウンセラーもやらないのだろうな」と先生方が思っていることも多いので，前任者がどのような活動をしていたのかも聞いてみたうえで「私はこのようなこともできますよ」とアピールをしていくことも，とても大事なことだと思います。以上，内容を分類して整理してみました。

　次に場です。相談室で活動するのは言うまでもありませんが，そこから飛び出すことも，とても大事です。たとえば，教室に行って観察して，子どもや先生たちの中で起こっていることを見ることです。それから，場合によっては家庭に行くこともあるかと思います。家庭に行くことについては，学校によって方針が分かれるところですので，状況に応じて実施していけるとよいと思います。

　次に対象です。まずは児童・生徒，それから保護者と教師です。また最近では，スクールソーシャルワーカーとの連携が増えてきています。さらにスクールカウンセラーには，その他各種専門機関との連携が求められています。

　以上ここまで，内容，場，対象ということで整理を行ないました。

4 SC 活動において心がけること

　こうやって見ていきますと，SC 活動の内容・場・対象は非常に多岐にわたることがわかります。そのため，スクールカウンセラーは，学校のニーズを拾い，それに応じて仕事をアレンジして学校に提案していく，そういったことが求められる仕事だと言えます。

　そのためには，どんなことを心がけたらよいのでしょうか。

> **ポイント6** **SC 活動において心がけること**
>
> ・SC 活動の内容，場，対象：きわめて多岐にわたる。学校のニーズを拾いそれに応じて仕事をアレンジし，学校に提案
>
> 　そのためには
>
> ・勤務回数の都合上，1 つのケースにかけられる回数は多くはない。短期間で効率よく成果を出す
> ・どの学校にも不登校はいる。まずは不登校を適切に導くことのできるスクールカウンセラーに
> ・保護者，教師は子どもに接する時間がスクールカウンセラーの何倍もある専門家。彼らと協働しない手はない。そのために，彼らが理解しやすい支援方法を提供する
> ・教室に入っていけるスクールカウンセラーになる。観察スキルは必須
> ⇒認知行動療法を活用することで，実行可能に

　1 つめは**勤務時間**です。スクールカウンセラーの勤務時間は意外と短いです。特に公立学校の場合，多くても週 1 回ぐらいの勤務だと思います。常駐していることは，滅多にありません。そうなると，1 つのケースにかけられる回数は決して多くはないことがわかります。月 1 回だと年 10 回ぐらですし，多くて月 2 回会えたとしても年 20 回ぐらいでしょう。このように結構，少ないわけです。そのため，短期間で効率よく成果を出すことが求められます。

　2 つめは**不登校**についてです。どの学校，どの校種でも，不登校の子どもは一定数います。ですので，まずは不登校を適切に導くことのできるスクールカウンセラーになることはとても大事なことだと思います。

　3 つめは**協働**することです。保護者や教師は，毎日子どもと接している大人たちです。子どもに接する時間がスクールカウンセラーの何倍もある子どもの専門家です。ですから，SC 活動において，彼らと協働しなかったり，彼らの力を借りなかったりすることは，本当にもったいないことで

す。そして，彼らと一緒に仕事をするためには，心理専門職の仕事を適切に理解していただく必要がありますし，彼らが納得できるような支援方法を提供する必要があります。

　4つめは，とにかく**教室に入っていけるスクールカウンセラーになる**ことです。先ほど教室に入って，一緒に給食を食べるという話をしました。遠慮せずにそのようなことをどんどん提案して，教室に入っていきましょう。教室に入った際に求められるものは，**観察**のスキルです。「いったい何が，この場で起こっているのか」ということを，しっかりと見るスキルが求められます。その観点については，次章以降で説明したいと思います。教室での観察に慣れていないと最初のうちは，仮に臨床心理学的な知識が豊富であっても「何を見ていいか，よくわからない」となるかもしれません。そういう状態であったとしても「習うより慣れろ」です。教室に積極的に入って行くとよいです。次第に観察のコツがつかめてきますので，臆せずいろいろなところに入ってみてください。

　学校をふらふらしていることで「いろんなところで，あの人，見るな」と子どもたちに思われるようなところからやっていくといいと思います。それ自体が広報活動にもなりますので，自ら動いていくスクールカウンセラーが，いい仕事のできるスクールカウンセラーではないかと思います。

　これらのポイントを実行するうえで認知行動療法を活用すると，うまくいきやすいです。そこで，認知行動療法を具体的にどのように活用していけばいいのか，また，そもそも認知行動療法にはどのような特徴があるのかを，次章以降順を追って説明したいと思います。

まとめ

・SC 活動の内容は，カウンセリング，コンサルテーション，心理教育，危機介入，システム構築と多岐にわたる。

・スクールカウンセラーは，学校のニーズを拾い，それに応じて仕事をアレンジして学校に提案していくことが求められる。

・認知行動療法を用いることで，スクールカウンセラーとして求められる活動が行ないやすくなる。

2 認知行動療法を基礎とした支援の6ステップ

1 支援の6ステップ① 関係作り

　本章では，認知行動療法を基礎とした支援の6ステップについて述べます。まず，支援の6つのステップとは，図2-1に示したように，「関係作り」から「再発予防と終結」までのステップになります。

　最初の段階である**関係作り**から見ていきましょう。

　これは問題を抱えている当事者であったり，その当事者を取り巻く人たちが，状況が大変だからということで，スクールカウンセラーに要請する段階です。そしてスクールカウンセラーの前に，その当事者なり当事者を取り巻く人たちが登場すると，関係作りが始まることになります。

　認知行動療法では，クライエントと**協働関係**を築く必要があります。協働関係とは，問題解決という共通の目標のために，互いの専門性を活かして最善を尽くしましょう，ということを両者で確認することです。と言われても，わかりづらいかと思いますので，もう少し話をかみ砕いて説明します。

　図2-1の左側が，認知行動療法の協働関係を示しています。力動的な

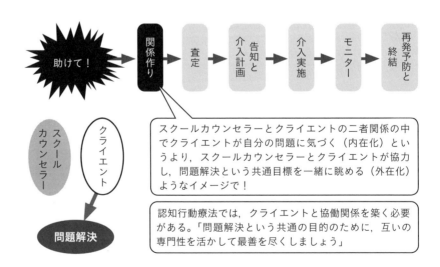

図2-1　支援の6ステップ1（堀越・野村，2012をもとに作成）

心理療法[01]などクラシカルな心理療法の前提となってる支援のモデルは，スクールカウンセラー（セラピスト）とクライエントとの二者関係の中で，クライエントが自分自身の問題にだんだん気づいていくというものです。2人の関係の中でことが進んでいくため，問題がこの2人の関係性の中に埋もれていく状況となっています。これは，**問題の内在化**という考え方に基づいているモデルと言えます。

　しかし認知行動療法は，そうではありません。二者関係ではなく，三者関係なのです。認知行動療法では，セラピストとクライエントが協力して，問題を一緒に取り出します。そのため「スクールカウンセラー（セラピスト）」と「クライエント」だけでなく「問題」も含めて三者関係を構築するのです。とにかく「問題」を外に出すんですね。それは，内在化という言葉に対して**外在化**と言われています。

　しかしクラシカルな心理療法のトレーニングを受けている人からすると，外在化は意外と難しいものです。問題が関係の中に埋め込まれている状況に慣れているので，いざ取り出すことが難しいのです。その外在化をうまく進めるコツとして，クライエントと一緒に問題という共通目標を一緒に眺めるイメージをもつこと[02]です。一歩引いて，問題を眺めるイメージをもちながらクライエントと接すると，外在化がうまくいくと思います。

　私は，大学で公認心理師を目指している学生の指導を行なっていますが，そこで痛感するのは，この外在化という概念の理解が案外難しいということです。上述のとおり「一緒に眺める」というイメージをもつとわかりやすいと思います。

01 力動的な心理療法　精神分析的心理療法が代表的。不適応の原因を，無意識に抑圧された葛藤とみなすため，クライエントとセラピストはともに無意識に内在化された葛藤に注目していくことになる。

02 眺めるイメージ　外在化や，問題をクライエントとともに眺めるイメージ。詳しくはPART 1「3　子どもの認知行動療法の実践ポイント」のポイント6（p.25）やイラストを参照。

2　支援の6ステップ②　査定

　次に査定です。スクールカウンセラーが「どうなさいましたか？」とい

図2-2　支援の6ステップ2（堀越・野村，2012をもとに作成）

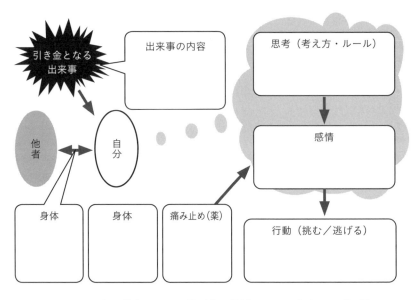

図 2-3　心の仕組み図 1 (堀越・野村，2012 をもとに作成)

うかたちで聞くことで，クライエントの問題の構造に気づく段階です。

　クライエントの問題の構造を的確に把握することは，ある程度の経験が必要です。しかし，初心者は問題の構造に気づくことができないかというと，もちろんそんなことはありません。初心者であっても，やりやすい方法があります。それは「**心の仕組み図**」を手がかりにして問題を整理する方法です (図 2-3)。

　この「心の仕組み図」は，認知行動療法において問題を見立て，ケース・

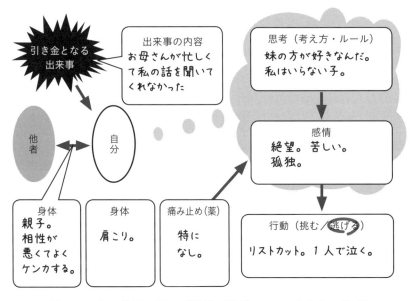

図 2-4　心の仕組み図 2 (堀越・野村，2012 をもとに作成)

フォーミュレーション⁰³を形成するときにベースとなっている考え方を表した図です。これを，ワークシートのように，印刷してお子さんや保護者に渡します。先生にお渡しすることもあります。次章で述べますが，最初のうちは大人でも子どもでも一人で書き込んでいくのは難しい場合が多いので，本人に聞き取りをしながらスクールカウンセラーが書き込んでいくことが多いです。

　実際に中身が書いてある図のほうがイメージしやすいと思います。書き込んだものが図 2-4 になります。

　まず，どんな悩みごともだいたい，何か引き金（トリガー）となる出来事がありますのでまず，そのトリガーが何かを確認するために，出来事の内容を書いていきます。たとえば「お母さんが忙しくて私の話を聞いてくれなかった」といったことが起こった場合，お母さんと私という2人が登場人物になります。多くの心理的トラブルは，自分以外の他人がかかわっています。そこで，心の仕組み図には，他者について書き込む欄があります。そして，他者と何が起きたのかを書き込む吹き出しがあります。今回の例では，〈私〉と〈お母さん〉との間に起きたことを書いていきます。お子さんいわく「ちょっと相性が悪くてお母さんとよく喧嘩する，そんな間柄だ」ということなので，その言葉を書き込んでみました。

　悩みごとが起こってくると，いろいろなところに支障や苦しさが出てきて「困ったな」と思って相談に来るわけです。その問題の出方の一つに「身体に出る」ことがあります。今回の例では，問題が起きると「いつも私は肩凝りになって身体の動きが悪くなるんだ」ということで，肩凝りと書きました。

　次に自分と書かれているところの右上に，ふわふわとした吹き出しが出ていると思います。これは「自分」という当事者の頭の中・心の中をイメージしたものになります。認知行動療法では，まず思考・考えがあって，それが感情を決定づけると仮定しています。そのため，その流れに沿って図が書いてあります。今回の例では「お母さんが忙しくて話を聞いてくれなかった後，どんな考えが浮かんできたんだろう？」と聞いてみた結果「お母さんは妹のほうが好きなんだよね，私はいらない子なんだ，どうせ」「今回に限らず，いつもそういうふうに考えるんだよね」という頭の中で出てきたセリフを思考として書き込んでみました。その結果，どんな気持ちになるのかということについて「ちょっと絶望的な気持ち」とか「苦しい気持ち」あと「独りだな」といった気持ちになるということで，その感情も書いてみました。

　このような感情が出てくると，人はそれに対処しようとします。感情というのはアラームです。アラームが鳴れば，人は「逃げなくちゃ」とか「火を消さなくちゃ」というかたちで行動を起こすわけです。ということで，

　講義メモ

03 ケース・フォーミュレーション　問題を発現させて維持させている，悪循環に関する仮説のこと。詳細は，PART 1「子どものための認知行動療法の基本を学ぶ」を参照。

感情の後に行動が出てきます。

　行動というのは大きく分けると2つしかありません。直接その物事に挑む（対処する）か，あるいはその物事から逃げる（回避する）ということです。つまり，挑むか逃げるかの2つに分類されます[04]。今回の例では「苦しいな」「独りだな」と思って，1人で部屋で泣いたりリストカットしたということがあったので，そのことを書きました。ただこれらの行動は，苦しさや孤独感に対する直接的な解決ではありません。直接的な解決（「挑む」）とは「お母さん，やっぱり話を聞いてよ」と言ってお母さんのところに行ったり「私の話，なんで聞いてくれないの」と言い，お母さんに苦情を言いに行ったりすることです。しかし今回の例は「逃げる」でしたので，逃げるに丸をつけてあります。

　ちなみに，逃げるほうが悪くて挑むほうがよいというわけではありません。状況によって，何が適切であるかは変わります。やりすごしたほうがいいときもあれば，逃げるほうがいいときもあります。ただし今回の行動は，どうやら不適切のようです。リストカットなど自傷的な行動は望ましいものではありませんので，行動を変えていく必要があります。

　このような図が「心の仕組み図」と呼ばれるもので，比較的，わかりやすい図になります。ケース・フォーミュレーションには，もっと複雑なものもありますが，まずはこれぐらいのレベルからやっていくと取り組みやすいと思います。

　ただし注意しておきたいのは，いきなりこのツールを実施しようとしても，すんなり導入できないことが多いという点です。特に日本人は子どもに限らず，思考や感情を一緒くたに考えてしまう習慣があって，思考と感情を分けて考えることが苦手です。そのため，心の仕組み図をいきなり書いてもらおうとしても，思考のところに感情を書いてしまったり，感情のところに思考を書いてしまったりすることが，よくあります。そこで最初はスクールカウンセラーのほうで話を聞きながらまとめてみて「今，話を聞いた内容を，このようにまとめてみたんだけど，どう思う？」という感じで提示するとよいのではないかと思います。

　「心の仕組み図」に限らずこのようなツールは，実施する側が使いこな

講義メモ
04 挑むか逃げるか　身体活動を活性化する交感神経系の活動が「闘争か逃走反応」と呼ばれることとも関連している。

せないと実際の面接でも使えないと思います。深刻な悩みである必要はありませんので，スクールカウンセラー（セラピスト）自身の身近なちょっとした困りごとを，この「心の仕組み図」にあてはめて書いてみて，まずスクールカウンセラー（セラピスト）自身が練習することをおすすめします。実際やってみると，特に思考と感情の切り分けが意外と難しいです。まず自分が実施することが熟達の近道です。

3 支援の6ステップ③　告知と介入計画

　次が，**告知と介入計画**の段階です。これは，クライエント自身に問題に気づいてもらう段階です。質問をしながら，協働的に問題の構造を明らかにしていき，かつその明らかになった問題をどのように解決していけばよいのかという点について，**心理教育**を行ないます（図2-5）。

　この段階で，どのような心理教育を行なう必要があるかについてですが，まずは前の段階で記入してもらった「心の仕組み図」の説明をするとよいです。「今，あなたが直面してる問題は，このような流れになっているのですよ」ということを説明します。もちろん「心の仕組み図」は万能ではなく，問題の一部しか書かれていませんので，書き切れない部分・含まれない部分も，あります。そのため，適宜いろいろな要因を加筆しながら説明していくとよいと思います。

　心理教育として行なう内容の2つめとして「**問題がどのように発生するのか**」ということを説明します。たとえばうつ病の場合，一般的に「こういう状況があったときに，うつ病になりやすく，こういう人がなりやすい」と説明します。心理職の中には，このような一般論を話すことに躊躇する方がいる [05] ようです。しかし，一般論によって「普通の人は，おお

クライエントに問題に気づいてもらう段階。
質問をしながら協働的に問題の構造を明らかにし，心理教育を行なう。

①人の心の仕組みの説明（介入当初に実施）
②問題がどのように発生するか（介入当初に実施）
③問題解決をどのように行なうのか（介入当初に実施）
④再発防止をどのようにするか（終結間近の折に実施）

図2-5　支援の6ステップ3（堀越・野村，2012をもとに作成）

よそこのように経過が進むんだ」「じゃあ私もおおよそ，そのような感じなんだろうな」という見通しが立つので，むしろクライエントにとって安心材料になることが多いと思います。

　心理教育の3つめとして，一般的な問題の経過だけでなく「**解決方法**」についても説明します。解決していくには，一般的にどのような方法があるのか話していきます。そうすると，クライエントは安心することが多いです。「こんなやり方が確立されてるんだ」「じゃあ，そのやり方に私ものっとって，一緒に頑張っていこうかな」そんな気持ちになりますよね。

　最後に4つめの心理教育は，「**再発予防をどのようにするか**」ということです。しかしこの4つめの内容は，心理教育の内容として今回の話題に含めましたが，実際には介入初期には行ないません。終結が見えてきて，そろそろ終わりかなという段階で再発予防の話をすることになります。

　以上のような流れで告知と介入計画を行ないます。

④　支援の6ステップ④　介入実施

　そして，いよいよ介入を実施します。クライエントと導き出した計画をもとに支援を実施する段階です（図2-6）。

　認知行動療法は，まさにその療法の名前に認知と行動の両方が入っているように，認知へのアプローチか行動へのアプローチかという2つに分けられます。いずれのアプローチも非常に素晴らしいものでして，いろいろな技法が確立されていますが，学校臨床・スクールカウンセリングという場面で考えたときは，私は認知より行動の変容のほうが，早く成果が出ることが多いと思っています。だからといって認知の変容が良くないとい

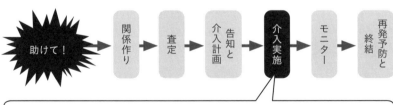

クライエントと導き出した計画をもとに支援を実施する段階。
支援の方法は，認知を変えるか，行動を変えるかの2つ。

認知より行動の変容のほうが早く成果が出ることが多い。
〈例〉面倒くさくて放置していた，部屋の窓拭きをする
　　　認知：窓を拭きたくなる気分になるまで待つ
　　　行動：いやいやながらも，とにかく1面拭いてみる

図2-6　支援の6ステップ4（堀越・野村，2012をもとに作成）

うことではまったくないのですが，学校によりフィットしており，現場で受け入れられやすいのは行動へのアプローチなので，優先度が上がると思います。このことについて，少し身近な例で考えてみます

　たとえば「ちょっと面倒くさくて放置していた部屋の窓拭き」について考えてみたいと思います。もし，その窓拭きを実行することを目標にした場合，認知面にアプローチするとしたら，どうしなければならないでしょうか。たとえば，部屋の窓拭きのメリットを考えて「窓を拭くと，きっと光がたくさん入ってきて部屋が明るくなり，気持ちいいだろうな」など，一生懸命連想しながら，窓を拭きたくなるまで待ってみるといったようなアプローチになります。

　それに対して，行動にアプローチする方法は「やりたくはない」「本当に面倒くさい，嫌だな」と思ったり，愚痴を言いながらでもいいから，とにかく1面だけは拭いてみよう，というアプローチになります。

窓を拭いたら
どうなるかな？

気持ち
いいかな

とりあえず
拭いてみよう

認知的アプローチ　　　　　　　　　行動的アプローチ

　結果として窓を拭くことができているのはどちらでしょうか。窓を拭きたくなる気分になるまでいろいろ工夫するよりも「とにかく拭いてしまおう」と言って行動したほうが，結果として1面拭けてますよね。先ほどもお伝えしたように，とにかくSCは意外と回数が限られていて，短期間で成果を出さなければならない。そうなったときに，行動としてとにかく結果を出すやり方のほうが，少しうまくいきやすいような気がしています。

5　支援の6ステップ⑤　モニター

　次はモニターの段階です（図2-7）。これはクライエントと導き出した計画が順調に進んでいるかを確認する段階です。スクールカウンセラー自身がモニターして，それをクライエントにフィードバックすることもありますし，クライエントにセルフモニタリングしてもらうこともあります。

　モニターの仕方には，いろいろありますけども，代表的なやり方が2つあります。一つが質問紙を用いるやり方です。いろんな質問紙や心理尺度が，たくさん出ています。たとえばBDI-Ⅱ[06]で，うつの程度を測るこ

講義メモ

06 BDI-Ⅱ　ベック抑うつ評価尺度。抑うつの程度を測る質問紙。21項目あり，比較的短時間で実施可能。63点満点中，14点以上で軽度，20点以上で中等度，29点以上で重度と判定されることが多い。

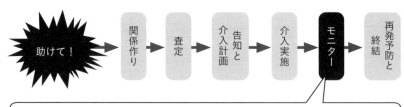

クライエントと導き出した計画が順調に進んでいるかを確認するために必要。スクールカウンセラーがモニターし，クライエントにフィードバックすることもあれば，クライエント自身にセルフモニタリングをしてもらうこともある。

質問紙を用いる
〈例〉BDI（ベック抑うつ評価尺度），STAI（状態・特性不安検査）
目標としている行動の出現回数を数える
〈例〉登校回数を数える。挨拶の回数を数える

図 2-7　支援の 6 ステップ 5（堀越・野村，2012 をもとに作成）

講義メモ

07 STAI　状態・特性不安検査。状態不安とは，生活条件により変化する一時的な不安状態のこと。対して特性不安とは，不安に対する比較的安定した個人の性格傾向を示すもの。質問項目はそれぞれ20 項目あり，4 件法が用いられている。

とは，とてもよく用いられています。STAI[07] のように不安を測る検査も，とてもよく用いられています。ただし，面接室の中で質問紙を実施するときには，落ち着いてクライエントに質問紙を渡して，始める前に「あてはまるところに丸つけしてください」と教示しながら，時間をかけて実施することができますが，教室に入ったときは，ある 1 人の生徒にその質問紙を渡して「ちょっとやってみて」と伝えてやってもらうのは現実的ではありません。そういう面で質問紙は，いくらか使い勝手が悪いです。

そこで用いるもう一つの方法が，行動を数えることです。目標としている行動の出現回数を数えることが，とても手軽でやりやすいです。たとえば，不登校のお子さんで，だんだんと別室登校から登校を増やしているならば，登校の回数を数えます。それがだんだんと増えていくと，支援として成果を上げていることになります。また，ソーシャルスキルが足りないお子さんで，身近な人に挨拶ができないという状況であれば，まずは挨拶をすることが目標になります。そこで，挨拶の回数を数えます。このようなかたちで，行動を数えることは，かなり手軽にどこでもできるやり方です。このようなかたちで現場の状況に合わせて，しっかりとモニターしていく必要があります。

6　支援の 6 ステップ⑥　再発予防と終結

最終段階は，再発予防と終結という作業になります（図 2-8）。一生，セラピストがクライエントにつくわけにはいかないので，クライエント自身が自分でセルフケアできることが支援の最終目標になります。

具体的にはまず，今まで取り組んできた支援内容の要点をおさらいしま

クライエントが自分で自分の世話ができるようになるために，今までの復習と，将来起こりうる障害についての対策を考える。

・今まで取り組んできた支援内容の要点を押さえる
・将来的に起こりそうな問題をあげてもらい，あらかじめ対応方法を考案しておく
・面接間隔を広げ，実際に問題に対処できるか様子を見る

図 2-8　支援の 6 ステップ 6（堀越・野村，2012 をもとに作成）

す。それから次に，将来に起こりそうな問題というのをあげてもらい，起こったら実際にどうするか，あらかじめ対応方法を考案しておきます。予行演習であり避難訓練でもあります。このようなことを一緒に考えることが，自立してもらうために，とても大事なことかと思います。

またこの段階では，徐々に面接間隔を広げていくことになります。これは，どのような心理療法でも同じだと思います。まずは 1 人でやってみて，うまくいきそうならば終結ですし，まだちょっと不安ならば，追加のセッションを 2 回ぐらいやって終わりにするなど，徐々に様子を見て終わりに近づいていく流れになっています。

　以上が支援の 6 ステップです。ここで提示した流れは，本当にスタンダードなものであり，コンパクトな認知行動療法の基本的な介入の流れになりますので，まずこれをベースにして実践し，柔軟にアレンジしていけば，だんだんと使い方に慣れてくると思います。

まとめ

・認知行動療法を基礎とした支援は，関係作り，査定，告知と介入計画，介入実施，モニター，再発防止と終結という 6 ステップを経る。
・学校臨床・スクールカウンセリングという場面で考えたとき，認知的アプローチより行動的アプローチのほうが，早く成果が出ることが多い。

認知行動療法を活用した
学校での支援の7つのコツ

1 　支援のコツ①　モンダイを観察する視点をもつ

　ここからは「学校での支援のコツ」として，認知行動療法を活用した
SC の7つのコツを一つずつあげていきます。引用元の論文（小堀・神村，
2015）は，比較的手に入れやすい本です。事例とともに7つのコツの使
い方がわかるようになっていることから読みやすいと思います。もしよろ
しかったら参照してもらいたいと思います。

　まず1つめのコツは「**モンダイを観察する視点をクライエントにもっ
てもらうこと**」です。このモンダイがカタカナになっていますけども，あ
えてカタカナにしてあります。理由は後でまた説明したいと思います。

> **ポイント1**　支援のコツ①　モンダイを観察する視点をクライエン
> トにもってもらう
>
> ・クライエントは，自分に起こってる悩みや問題に対して，とら
> 　われや思い込みを抱いていることが多い
> ・問題の経過やパターンを把握して，問題に適切に対処できるよ
> 　うになるためには，とらわれや思い込みから距離がとれるよう
> 　になることが必要
> 　▶クライエントが，問題を「モンダイ」として対象化し，客観
> 　　的に眺められるようになるため，スクールカウンセラーは，
> 　　問題の経過を具体的に，丁寧に聴取したり，クライエントに
> 　　記録を課したりしりするとよい

　この話は，前章で紹介した**外在化**そのものです。クライエントは，自分
に起こってる悩みや問題に対して，とらわれや思い込みを抱いていること
が多いです。そして，そのとらわれや思い込みが問題解決するうえでの厄
介者です。はっきり言ってしまえば，妨げになります。そこで，問題の経
過やパターンを把握して，問題に適切に対処するために，とらわれや思い
込みから距離がとれるようになることが，回復を早くするためにとても大

事なポイントになってきます。

　そのためにスクールカウンセラーは何を働きかければよいかというと，クライエントが問題を「モンダイ」として対象化することを目指してもらいたいのです。「モンダイ」とカタカナで表しているのは，問題を客観的に見ているイメージです。クライエントの多くは，問題や何か困りごとがあると，それと何かを引き離せない状況でやって来ます。「私が悪いからこうなっちゃったんです」や，あるいは「先生が悪いから」「子どもがやる気がないから，こうなってしまったんです」みたいなかたちで，自分の身近な周りのいろいろなことと困りごとが，しっかり自分とくっついてしまった状態になっているために悩んでいるわけです。

　そこで「誰が悪いのか」という話ではなくて「悩んでいる事柄そのものが問題」というように対象化・外在化することが，とても大事なのです。だからクライエントに，カタカナで「モンダイ」と表現するぐらい距離をとって見ていただくことを，スクールカウンセラーとしては目指す必要があるわけです。クライエントがそのように客観的に眺められるようになるため，スクールカウンセラーの側は問題の経過というのを具体的に，そして丁寧に聴取していくことが重要です。

　具体的に丁寧に聴取しようとしても，とらわれや思い込みがあると，多くの場合事実をゆがめてとらえていたり「何となく気分が悪いから」と雰囲気でとらえていたりします。「具体的にもう少し細かく教えてください」と言うなどして，こちらが雰囲気に流されないように留意しつつ，具体的に丁寧に聞いていきます。するとクライエントも「嫌なことというぼんやりとしたイメージをもってとらえてたけども，よく考えてみたら別に嫌なことだけじゃなかったな」など冷静になれて，事実を適切に，等身大でとらえられるようになります。

　クライエントならびにそのサポーターである保護者や教師に記録を課すやり方も，特に保護者や教師に対しては有効かと思います。あと高校生やそれなりに知的に成熟してる中学生であれば，自身で記録をつけることもできると思います。小学生だと少し難しいという気はします。記録のためのツールは，認知行動療法において非常にたくさんのツールがあります。ここでは，誰でも取り組みやすくて便利なものを紹介します。

　例として「亜希子さんの活動記録」をご紹介します（図3-1）。これは，不登校のお子さんをおもちの保護者の方に，お子さんの観察記録をつけてもらったものです。

　朝の５時から翌日の４時まで，24時間を１行ずつに分けて記録する用紙で，とてもシンプルです。左側はお子さんの活動内容，右側は保護者が観察者として見て，思ったことや気づいたことを書く表になっています。

　表を見ると，まず７時半に起きて朝ご飯を食べたようです。パンは食

亜希子　さんの活動記録

10 月　11 日　金　曜日

時刻	活動内容	行動を見て気付いたこと・思ったこと
5：00	睡眠	
6：00	睡眠	
7：00	7：30 に起床，パンは食べず牛乳だけ飲んだ。	
8：00	朝の連続ドラマを見た後，ワイドショーを見ていた。	
9：00	漫画を描いていた，中身は見せてくれなかった。	
10：00	パートに出たため観察できず。	
18：00	ジャガイモの皮むき，配膳を自主的にやっていた。祖母，母，本人で夕食残さず食べた。	全部平らげたのは珍しい。今日は調子がいい。
19：00	バラエティ「○○○」を見て終始笑顔。	△△△という芸人のことを特に気に入っている。
20：00	父が帰宅すると自室に入っていった。	学校行ったかと聞かれるのが嫌なのだろう。
21：00	入浴。30分ほど入っていた。	鼻歌が聞こえた。機嫌がいい。
22：00	学校からもらったプリントを見てみたかと尋ねたら，途端に不機嫌になり，怒って部屋に帰った。	学校の話題はやはり避けるべきなのだろうか。

図 3-1　亜希子さんの活動記録

べず，牛乳だけ飲んだと書いてあります。このように具体的に書いてあると，家で起こってることがありありと，とてもよく描けますよね。本当はビデオを撮ることができると，よりリアルにわかるわけですが，そこまではなかなかできませんので，記録表をつけていただくのがよいと思います。毎日つける必要はまったくなくて，1日か2日でよいと思います。それだけでも家の状況がよくわかるので，この記録はとても便利だと思います。

　次に注目すべき点は18時のところです。波線の下の記録を見てみると，ジャガイモの皮むきと配膳を，子どもが自主的にやっていたようです。祖母と母と本人で夕飯にし，全員，残さず食べましたと。その様子を見て母親は「全部平らげたのは珍しい」「今日は調子がいい」と記入しています。そこから，母親はこうやって本人の行動を見て，その日の調子を察してるんだな，ということがわかるわけです。簡単な記録ですが，母親の気の配り方も垣間見ることができます。このような記録用紙はすぐに導入できますので，ぜひ参考にしてください。

2 支援のコツ② 根本解決や犯人探しに拘泥しない

　支援のコツの2つめは,「問題の根本解決の追求や,犯人探しに拘泥しない」ことです。

> **ポイント2** 支援のコツ② 問題の根本解決の追求や,犯人探しに拘泥しない
>
> ・過去を振り返って犯人探し・原因探しに躍起になることは,問題解決のスピードを大いに鈍らる。それに加えて,クライエントに反省や後悔の念を喚起させ,精神的エネルギーがますます低下する結果となる
> ▶「親の育て方が悪い」「本人の気合い不足」等の不確実で漠然とした変数による説明は,支援の場に持ち込まない
> ▶「私」や「あなた」や「彼」が悪いのではない。あくまでも,「今生じているモンダイが問題である」という支援のコツ①の視点を貫く

　過去を振り返って犯人探し・原因探しに躍起になることは,問題解決のスピードを大いに鈍らせます。それに加えて,クライエントに反省や後悔の念を喚起させてしまい,精神的エネルギーを低下させる結果となることが多いです。タイムマシンに乗って過去に戻って,過去を変えることが可能であれば,原因探しに時間をかけることは有効かもしれませんが,それは残念ながらできないわけです。時系列に沿って事実を整理しておくことは大事ですが,「いったい,誰が悪いのか」といったところに時間をかけるのではなく,未来の行動を作る時間に使うほうが有効かと思います。

　現場で非常によく聞かれる言葉として「親の育て方が悪いんだ」「本人の気合い不足だからこうなった」といったものがあります。保護者や先生だけでなく,本人も誰から聞いているのか,このようなセリフを結構よく言います。しかし,誰がどれだけ,どの割合で悪いのかは,はっきり言ってわかりません。そのため,このような不確実で漠然とした変数による説明は,認知行動療法では支援の場に持ち込まないことが基本です。「誰かが悪い」のではなくて,あくまで「今,生じてる問題がモンダイなんだ」という,1つめのコツの視点を貫くことが,スピードと効果を上げるコツになってきます。ですので,1つめと2つめのコツは連動しています。

3　支援のコツ③　機能をとらえて，適切なものに置き換える

　3つめの支援のコツは「問題となる認知や行動の機能をとらえて，適切な認知や行動に置き換える」ことです。

ポイント3　支援のコツ③　問題となる認知や行動の機能をとらえて，適切な認知や行動に置き換える

・不適切な認知や行動がやめられないのは，その認知や行動をすることで，クライエントは何らかのメリットが得られるから
・クライエントにとって，一方的に不適切な認知や行動を禁止されることは，今まで得られていたメリットを失うだけで，うまみがない
　▶スクールカウンセラーは，クライエントの不適切な認知や行動を禁止するだけではなく，同時に別の適切な認知や行動で，クライエントが今まで得られていたメリットが得られるよう工夫する

　不適切な認知や行動であってもやめられないのは，その認知や行動によって，クライエントに何らかのメリットがあるからです。一般によくないとされている認知や行動も，メリットがあるからやめられないわけです。ですから，クライエントにしてみれば今まで続けていた不適切な認知や行動を一方的に禁止されると，今までせっかく得られていたメリットを失ってしまうだけで，あまりうまみがないわけです。そのため，「してはいけません」「やめなさい」だけでは，認知や行動の改善は，あまり望めません。
　では，どうしたらよいのでしょうか。スクールカウンセラーは，クライエントの不適切な認知や行動を禁止するだけではなく，同時に別の適切な認知や行動で，クライエントが今まで得ていたメリットが得られるよう工夫すること[01]が重要になります。教育現場では「集団の規律を乱す行為は好ましくない」という信念が善しとされる場合があり，そういうときは，本当に禁止だけで終わってしまうことがあります。しかしこれは，根本的な解決につながらないことが多いです。

講義メモ

01 代替行動の獲得　問題行動を直接消去せずとも，その行動がもつ機能を維持したまま，別の代替行動に置き換えることによって，問題行動の生起頻度が相対的に低下することが報告されている。

4　支援のコツ④　達成しやすく，快が随伴する目標を立てる

　コツの4つめは「達成しやすく，かつ達成に快が随伴する目標を立てる」

ことです。

> **ポイント4　支援のコツ④　達成しやすく，かつ達成に快が随伴する目標を立てる**
>
> ・クライエントに，現状で達成していない行動を身につけてもらうためには，達成したい行動を細かく分割し，段階的にクリアしていけるように工夫する
> 〈例〉動物の好きな飼育委員会に所属する児童が不登校
> 　・友だちの目にさらされにくい授業中に，学校で飼ってるウサギに餌をあげに来る
> 　・友だちの数が少ない放課後に，学校で飼ってるウサギに餌をあげに来る
> 　　　　　　　　　⋮
> 　・友だちも先生もいる飼育委員会に参加しに来る
> ▶本人の動機づけが高そうなものを見つけ出し，難易度の低い目標から順に立てていく

「快が随伴 [02] する」というと，いかにも行動療法という印象を与える言葉に感じたかもしれませんが，それほど難しいことではありません。平たく言うと「肯定的なメリットが伴うように目標を立てましょう」ということです。具体的には，クライエントが達成していない行動を身につけてもらうために，達成したい行動を細かく分割し，段階的にクリアしていけるように工夫します。いわゆるスモールステップです。

簡単な例をあげてみますと，たとえば動物が好きで飼育委員会に所属しているある児童が不登校になったと想定してみます。そして，再登校を目標に設定したとします。達成したい行動を細かく分割しどうすれば段階的にクリアしていくことができるのかを具体的に考えてみましょう。飼育委員会の児童で動物好きなので，最初の段階は，先生が「学校で飼ってるウサギに餌をあげに来ない？」と誘ってみます。その誘いに前向きなら，次第に負荷の高い行動を課します。徐々に負荷を高めることで，教室復帰に近い状況に近づけていくわけです。たとえばどのように負荷を上げるかというと，「授業中に餌やりに来てみない？」と誘い，そこで合意が得られれば次に「放課後に餌やりに来てみない？」と誘ってみます。

授業中の子どもたちは，教室で授業を受けているので，不登校の子が登校してきたことを目にしない，気にしないことが多いです。不登校の子どもたちの多くは，同級生や同世代の人たちの目を気にします。見られたら恥ずかしい，怖いと言ったりするので，最初のうちは，授業中のような誰の目にも触れない状況のほうが，行ないやすいです。対して放課後は，一

講義メモ

02 随伴　ある事象の後に，別の事象が伴うこと。行動療法においては，ある行動の後に何らかの結果事象が伴うを指す。

部の生徒たちは帰っていますが,たとえば校庭で遊んでる子がいたりなど,いくらか子どもたちがいて,見られやすい状況です。そのため,授業中に来るよりも少し負荷が高くなります。

　これがうまくいけば,今度は「飼育委員の委員会業務のときだけ参加しに来ない?」と誘ってみます。同世代の子たちが集まっている中に参加するので,かなり教室に近い場面と言えます。このように,実際の教室の場面に少しずつ近づけていくのです。

委員会に参加しよう　　　　委員会参加

実際に放課後に餌やりに来てみよう

実際に授業中に餌やりに来てみよう

ウサギに餌をあげてみよう

　スモールステップを考える際には,本人の動機づけが高そうなものを見つけ出すことが大切です。今回の例で言えば,動物好きであることをヒントにして考えました。そして,難易度の低いものから順に目標を立てていきます。とにかく目標は失敗させないように,かかわる側がうまく目標を立てていくことが大事です。大人でも子どもでも,失敗すると気持ちはくじけますよね。振り出しに戻ってしまうことも結構あるので,いかに失敗させない目標を設定するかが,非常に大事なポイントになります。

5 支援のコツ⑤　好ましい変化をとらえ,明瞭かつ肯定的に指摘する

　5つめのコツは「好ましい変化を感度良くとらえ,明瞭かつ肯定的に指摘する」ことです。

> **ポイント5**　支援のコツ⑤　好ましい変化を感度よくとらえ,明瞭かつ肯定的に指摘する
>
> ・クライエントは好ましくない変化には敏感だが,好ましい変化は「当たり前」のこととして見落としがち
> 　▶クライエントに好ましい変化が生じたら,スクールカウンセラーはタイミングよくその変化を取り上げ,肯定的な評価を提供する

　クライエントの多くは，好ましくない変化には敏感ですが，好ましい変化は当たり前のこととして見落としがちです。悩んでいるときは，ネガティブな状況には目が行きやすく，反対にできているところは「別に普通の話ですよね」と流してしまうことがとても多いです。そこをスクールカウンセラーが拾って，しっかりフィードバックすることが大事です。案外スクールカウンセラーもできていることを見落とす場合があるので，スクールカウンセラーの姿勢としても「好ましい変化をしっかり見ておこう」と心がけておくとよいです。クライエントに好ましい変化が生じたら，スクールカウンセラーはタイミングよくその変化を取り上げ，肯定的な評価を提供しましょう。

6　支援のコツ⑥　介入対象の認知や行動を定量化する

　６つめのコツは「**支援の効果を把握するため，介入対象となっている認知や行動を定量化する**」ことです。数字でとらえるということですね。

> **ポイント6**　**支援のコツ⑥　支援の効果を把握するため，介入対象となっている認知や行動を定量化する**
>
> ・定量化しないと，支援の効果に関する理解は主観的で漠然としたものとなってしまう
> ▶支援の達成状況を複数の指標によって数値化することで，スクールカウンセラーは，支援が進むべき方向を見失わないですむ

　とにかく定量化して数字でとらえないことには，支援の効果に関する理解が，主観的で漠然としたものになってしまいます。「以前より明るくなりました」「表情がよかったのです」というように，子の変化を雰囲気でとらえることのできる先生は多いです。しかし，やはりあいまいさが残りますので，なるべく数字でとらえられる指標を見つけることが大事です。このとき，支援の達成状況を複数の指標によってとらえられると，より確実です。たとえばうつに対して，一つは**ベックの指標**[03]で，もう一つは先生の**行動観察**で，本人の肯定的な発言回数の増加をとらえます。すると，質問紙でも行動でもとらえられているので，確かにうつの状態がよくなっている可能性が高いと自信をもって言えるわけです。このように，可能であれば複数の数字によって見ていくとよいです。そうすることで，スクー

講義メモ

03　ベックの指標　BDI（ベック抑うつ評価尺度）のこと。詳細は前章の講義メモ**06**（p.79）を参照。

89

ルカウンセラーも支援が進むべき方向を見失わないですみます。また，数値が全然変わっていないということであれば，支援方法の見直しが必要になってきます。

| 7 | 支援のコツ⑦　再発予防の取り組みを重視する |

最後に7つめのコツは「**再発予防の取り組みを重視する**」ことです。

ポイント7　支援のコツ⑦　再発予防の取り組みを重視する

・スクールカウンセラーの支援終了後，教師や保護者，児童生徒が1人で類似の問題に対処できることを支援の終着点とする
　▶終結が近づいたら，今までの復習と，今後の予行演習を実施

これは前章の6つのステップで述べたとおりです。支援の終了後，教師や保護者，児童，生徒が1人で類似の問題に対処できることを支援の終着点とします。ですので，終結が近づいたら今までの復習と今後の予行演習，避難訓練を実施します。

以上が学校での支援の7つのコツのお話でした。

まとめ

・学校での支援がうまくいく7つのコツは以下のとおり。
1. モンダイを観察する視点をクライエントにもってもらう
2. 問題の根本解決の追及や，犯人探しに拘泥しない
3. 問題となる認知や行動の機能をとらえて，適切な認知や行動に置き換える
4. 達成しやすく，かつ達成に快が随伴する目標を立てる
5. 好ましい変化を感度よくとらえ，明瞭かつ肯定的に指摘する
6. 支援の効果を把握するため，介入対象となっている認知や行動を定量化する
7. 再発予防の取り組みを重視する

4 問題別対応方法

 不登校支援の原則

　最後に，問題別の対応方法について見ていきたいと思います。

　まず一つめに，**不登校関連の問題**です。不登校関連の問題は，とにかく次の原則を覚えていただきたいと思います。その原則とは「**家にいるメリットを減らし，学校に行くメリットを増やす**」ことです。先ほどの7つの支援のコツの中の3つめのコツに該当する話です。

> **ポイント1　不登校・スマホ依存・生活習慣の問題**
>
> ・不登校支援の原則は，家にいるメリットを減らし，学校に行くメリットを増やすこと（支援のコツ③）
> 　▶現代の子どもにとって，学校よりも家のほうがずっと快適な環境であることをまずは理解する
> ⇒学校はデメリットだらけ，家はメリットだらけ
> 〈例〉汚い，落ち着けない学校のトイレ⇔くつろげる家のトイレ
> 　　　嫌いなものが出る給食⇔美味しい家庭料理
> 　　　つらい早起きをして登校⇔好きな時間に寝起きできる家
> 　　　たいして面白くない勉強⇔スマホやゲームやり放題の家
> 　　　苦しくて楽しくない体育⇔ゴロゴロしていられる家

　現代の日本の子どもにとって，学校よりも家のほうがずっと快適な環境であるということを，私たちはまず理解しなければなりません。子どもによっては，学校はデメリットだらけで，家はメリットだらけなのです。

　具体的に考えてみましょう。たとえばトイレです。学校のトイレは，そんなにきれいではないことが多いですし，また落ち着けません。学年によっては，トイレに行くと冷やかされる可能性もあります。それに対して家のトイレは，のびのびと誰に邪魔されることもなく使えます。

　登校についても同様です。つらい早起きをして登校しなければならないけども，不登校になれば好きな時間に寝起きでき，とても気楽です。

　勉強があまり楽しくない子どもにしてみれば，勉強もメリットがありま

せん。家で不登校になれば，場合によっては，スマホやゲームがやり放題な状況になってしまうことがあります。そして体育です。相談室には体育が苦手な子どもが多く来ます。学校へ行くと週に何回か苦しくて楽しくない運動が課せられるけれども，家だとゴロゴロして好きなときにお布団に入ったりできるわけです。ということで，家はとてもメリットが多い場所なんですね。

メリットばかりの家

トイレはキレイ　　早起きしなくてもいい　　ゲーム・スマホし放題

　そのため，不登校の支援においては「子どもが家にいるメリットはいったい，何なのか」を知ることが解決の第1段階になります。しかし子どもに直接「家にいるメリットは何？」と聞いても，なかなか答えられませんので，保護者の協力が欠かせません。保護者に確認しながら，家での過ごし方を丁寧に明らかにしていきます。前章図3-1でご紹介した，活動記録表を使うとよいと思います。保護者に協力を得て1日の状況を把握し，家にいるメリットを明らかにしていきます。なお，記録表を使わなくても，口頭で丁寧に聞き取っても，もちろんよいです。

2　家のメリットを減らし，学校のメリットを増やす

　状況がわかったら，てんびんの考え方で考えてみましょう。たとえば，不登校状況に陥っている子どもの家は，図4-1のようにてんびんが傾いてることがほとんどです。
　たとえば家では，親と好きなときに触れ合うことができる。親がとてもおいしいお昼ご飯を作ってくれる。飲み物も好きなときに冷蔵庫から取り出せる。スマホは触り放題だし，行きたいときに買い物が行ける。極楽ですよね。家は，本当にやりたいことができる状況ということになります。
　それに比べて学校はどうかというと，当然スマホはいじれないし，親は身近にいないし，おいしい食べ物もなく，好きでもない給食を食べなければならないこともあるし，買い物だってできない。さらに現実がどうかは

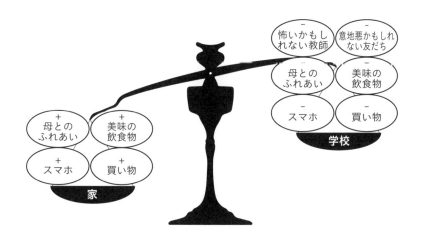

図 4-1　家のメリットを知る（奥田，2012 をもとに作成）

子どもが家にいるメリットが何かを知るため，保護者の協力が欠かせない。家での過ごし方
を丁寧に明らかにする

　置いておいたとして，「あの先生，怖い」「友だちが意地悪」と子どもが認識している場合もあるでしょうし，もしかしたら，実際に友だちがからかってきたこともあるかもしれません。そうなると学校にはメリットがないのです。むしろマイナスなことばかりです。不登校の状況では，このようなことがよくあります。

　でも，これではいけませんので，そのバランスを変えていくわけです。保護者には家のメリットを減らす面で協力を仰ぎ，教師には学校のメリットを増やす面で協力を仰ぎます。そうすることで家のほうが重くなっているてんびんを，学校のほうが重くなるように徐々に働きかけていきます。

　たとえば家のメリットを，全部いきなりなくしてしまうのも急すぎますので，たとえば食への関心が強い子ならば自由に飲食できる環境は残す代わりに「学校に行っている時間なのに，買い物に行けるのはどうだろう」と親子で話し合いをしてもらい「不登校中は，学校に行ってるはずの時間に買い物に行くのやめようか」ということを決めてもらうなどします。他には，親子の触れ合いをあっさりしたものに変えていく，スマホの使用時間帯を制限するなどして，メリットを減らしていきます。対して学校のほうでは，たとえば先生が働きかけて，部活に誘ってみたりします。そうやって誘ってくれる先生がいること自体が，子どもにとっての安心感になります。頼れる先生がいるというかたちでメリットが増えていくわけです。このようにして，てんびんの傾きを変えていきます（図 4-2）。

　先ほど，スマホの話が出てきました。たとえば私がよく用いるのは「本来，学校に行っている時間はスマホは触らないようにしよう」というルールです。このルールは筋が通っていますよね。もちろん学校から帰ってくる時

図 4-2　家のメリットを減らし，学校のメリットを増やす（奥田，2012をもとに作成）

保護者には家のメリットを減らす協力を，教師には学校のメリットを増やす協力を仰ぐ

間からはスマホを触ってよいけれども，そうではないときは，本来触れない時間なので触らないようにする。そのようなルールを作ってみます。もちろん，スマホをそのまま本人に持たせつつ，ルールを徹底させてもよいですが，スマホがそばにあると誘惑に負けて触ってしまうこともあるので，たとえば「親が会社に持って行く」というように，そもそも目の前にない状況を作ることも一つの有効なやり方ですし，「触るのは 1 日 2 時間まで」といったかたちで時間を区切るのも，一つの方法です。

　学校側のメリットを増やすところでは，担任の継続的な電話や手紙などを通じて「登校を待ってるよ」ということを伝えて，本人が来やすい時間帯の来校を促します。1 回やってみて本人が乗ってこなかったからといって，くじける必要はありません。繰り返し時間かけてアプローチすることが大事です。先生方がくじけそうになっていれば，スクールカウンセラーが励まして「反応がないようですけれどもこれは，大人を試している段階かもしれません」「もう少し継続的にやってみましょう」と言いながら，先生に子どものメリットを増やす行動を続けていただくとよいと思います。

③　不登校支援を円滑に進めるポイント

　不登校支援を円滑に進めるその他のポイントについて，もう少し整理しておきます。

ポイント 2　**不登校支援を円滑に進めるその他のポイント**

・不登校は初期対応が大切。慢性化，長期化していると，不規則
　な生活習慣，スマホやゲーム等の依存の深刻化などが進み，復
　帰に時間がかかる
・教室復帰が最終目標とは限らない。子どもの 2 年後，3 年後の
　姿について保護者や教師と共有し，目標の設定を行なう

　不登校はとにかく**初期対応**が重要です。慢性化・長期化していると不規則な生活習慣やスマホ依存やゲーム依存の深刻度が増し，復帰するのにとても時間がかかります。

　不登校の最初の波はゴールデンウイーク明けです。休みが長く続いた後に出てきやすいので，ゴールデンウィーク明けに欠席した生徒にスクールカウンセラーの利用を呼びかけるなど，先生にも声をかけておくとよいと思います。次の波は長期休み明けです。夏休みや冬休み明けは，どうしても不登校が起こりがちですので，その時期は特に注意を払っておくとよいと思います。

　それから，教室復帰が最終目標とは限らないこと **01** も念頭に置く必要があります。子どもにとってネガティブなトラウマ体験が教室で起きていると「どうしても教室は嫌だ」と譲らない場合があります。あるいはギフテッドと呼ばれるような，突出した才能を授かった子どもの場合，学校の教育カリキュラムが本人の能力と一致していない場合もあり，そこは柔軟に対応する必要があります。子どもの 2 年後・3 年後の姿について保護者や先生と共有して，共通の目標を設定しておく必要があるでしょう。

　不登校支援の詳細については，小堀・神村 (2015) や小坂井・神村 (2013) の論文が，かなり具体的に書かれており，かつとても読みやすいと思います。ぜひ参考になさってください。

講義メモ

**01 教室復帰が最終目標とは
限らない**　2017 年の教育機会確保法の施行により，不登校児童生徒に対する休養の必要性や，フリースクールや教育支援センター（適応指導教室），不登校特例校など，教室復帰以外の多様な学習活動を認める方向性が示されるようになった。

4　発達障害の支援①　機能分析

　最後に，**発達障害**です。

　発達障害の支援は，認知行動療法の発揮のしどころです。発達障害の子どもは，困ってる状況を自分で客観的に分析することが難しいです。そのような場合には，適切な行動を本人が身につけられるような仕掛けを，周りの支援者たちが設定できることが，とても重要になるわけです。そして，そのようなコツを，認知行動療法は数多くもっています。前章で紹介した

支援のコツの②③④あたりは，発達障害の子どもの支援を考えるうえで，とても役に立つと思います。

> **ポイント3**　　発達障害の支援①　機能分析
>
> 発達障害の支援こそ，認知行動療法の発揮のしどころ。適切な行動を本人が身につけられる仕掛けを，周囲の支援者がいかに設定できるか（支援のコツ②③④）
>
> > 〈例〉算数の授業中，解いている問題がわからなくなると，壁に頭を打ちつけてしまう行動をどうにかしたい
>
> ・観察によって，頭を打ちつける行為の機能を分析する
> > ▶自己刺激行動：同じ行動の反復で行為にのめり込み，周囲の働きかけをカットできる
> > ▶同情を引く行動：周囲の同情を引き，関心を得ることが目的となっている行為
> > ▶自己確認の行動：刺激がなくなって手もち無沙汰のときに，痛みを通じて自分の存在を確認する
> >
> > （奥田・小林，2009 をもとに作成）

　たとえば算数の授業中，解いてる問題がわからなくなると壁に頭を打ちつけてしまう，いわゆる自傷行為の相談を先生から受けたとします（このような相談は保護者から受けることも多いです）。

　まずは**観察**によって，頭を打ちつける行為にどんな意味（機能）があるかを分析することが重要です。ポイント3のとおり発達障害の子どもの自傷行為には大きく分けて3つの意味・機能があることがわかっています。その3つとは「**自己刺激行動**」と「**同情を引く行動**」と「**自己確認の行動**」です。観察してみると，ほとんどこの3つに収束していきます。

　自己刺激行動というのは同じ行動を反復することで，その行為にのめり込むことです。のめり込むことで，周囲からの働きかけをシャットダウンして，自分の世界に入り込めるというメリットがあります。

　次に**同情を引く行動**です。これはイメージしやすいかもしれません。自傷行為は，すごく目立ちますよね。周りの同情をとても引きやすい。そのようにして関心を得ることが目的となってしまっている場合があります。関心を得ると気持ちがいいですからね。

　3つめは**自己確認の行動**です。刺激がなくなって手もち無沙汰になってしまったときに「痛み」を通じて自分の存在を確認します。「ああ，生きてるな」「自分ってここにいるな」みたいな感じです。貧乏ゆすりも，暇

になったときに足を揺すって感覚を楽しむといった点では，同様の側面があるかもしれません。また，発達障害に限らず，リストカットする子どもに「なんでやるの」と聞くと「切ることで生きてる実感がもてる」と言う子が結構多いのですが，これは，まさに自己確認の行動と言えます。

　自傷行為がこの 3 つのうちどの機能を果たしているのかを，観察を通じて分析します。複数の機能にまたがっている場合もあります。

同じ「頭を打ちつける」でも…？

自己刺激行動	同情を引く行動	自己確認の行動
		痛いなー
周囲をシャットアウトするため	周囲の関心を得るため	自分の存在を確認するため

5　発達障害の支援②　適切な代替行動

　次に，分析によって導いた自傷行為の果たしている機能に応じて，より適切な代替行為が出現するように工夫します。

ポイント4　発達障害の支援②　適切な代替行動

機能に応じて，より適切な代替行為が出現するよう工夫する
・自己刺激行動
　▶算数の問題の難易度の見直しをする
　▶周囲の刺激が少ない環境に机を移動する
　▶耳栓をして音の刺激を減らす
・同情を引く行動
　▶算数の問題の難易度の見直しをする
　▶授業中に活躍の場を与える（たとえば，黒板消し係）
　▶自傷行為出現時には対応せず，わからない問題があったら質問をする等の適切な行為の出現時に褒める
・自己確認の行動
　▶算数の問題の難易度の見直しをする
　▶けがをしない布でできた棒を与える

　たとえば**自己刺激行動**とわかった場合，どのような代替行為が提案できるでしょうか。まず一つは，そもそも自己刺激行動をしなければならない状況がよくないわけですから，問題が難しすぎるか簡単すぎる可能性があります。難易度の見直しをしてみるとよいでしょう。あるいは刺激を減らす場合，たとえば教室の隅など，周囲の刺激が少ない環境に机を移動してみます。壁が2面になりますから，少なくとも2面分の刺激は受けないですむわけです。ただ，教室の隅に机があると「いじめられてるんじゃないか」と保護者の方が心配される場合もありますので，この対応をする場合は，保護者の方と相談して行なうようにしてください。音に関して過敏な子どもであれば，耳栓をする方法もあるかと思います。

　次に**同情を引く行動**の場合です。まずは根本的な解決として，同情を引く行為をしなければならないということは，授業内容とのマッチングの問題があるので，難易度の見直しをします。あとは，授業中に活躍の場を与えることです。たとえば簡単なところで黒板消し係など，適切な活躍の場を与えます。頭を打ちつけるよりも，よほど適応的な行動ですよね。プリントを配る係をやってもらうのもよいと思います。このように活躍の場を与えます。

　あるいは，自傷行為の出現時は対応しないで，わからない問題があった際に質問するなど，授業中にやるべき適切な行動が出たときに褒めるといったことも考えられます。これは実際にとても効果があるのですが，出現している自傷行為を黙っていることは現場の先生的に葛藤があるところで，提案しても受け入れられないこともあります。実際，血が出たりすると周りのお子さんにショックを与えることになってしまいますので，ケース・バイ・ケースになると思います。しかし，効果は上がりやすいです。

　それから**自己確認の行動**です。自己確認しないでいいように学習内容の難易度の見直しをするのは一つです。あるいは，壁に頭をゴンゴン打ちつけるのではなく，たとえば布でできた少し柔らかい棒を与えて，それをぽんぽんと叩くといった別の行動をしてもらうという方法もあります。頭を打ちつけるよりもマシな行為で代替する方法です。

　このように代替行為を出現させていけば，やらないでほしい不適切な行動は，別の行動に置き換えられて無くなっていき，問題が解決していきます。

6　発達障害の支援③　回避・注目・感覚の3つの機能

　他の例に関しても考えたいと思います。

> **ポイント5**　　発達障害の支援③　回避・注目・感覚の 3 つの機能
>
> > 〈例〉授業中，子どもが立ち歩くので，困る
>
> 観察によって，立ち歩きの機能を分析し，より適切な代替行為が
> 出現するよう工夫する
> ・嫌なことを回避する
> 　▶取り組んでいて楽しい課題を渡す
> 　▶座ることが楽しくなるようゲーム感覚で号令をかけて座らせる
> ・周囲の注目を引く
> 　▶立ち歩き時には対応せず，授業に集中する等の適切な行為の
> 　　出現時に褒める
> ・感覚を得る
> 　▶休み時間に思い切り走って遊ばせる
> 　▶授業中にノビをするなどのブレイクタイムを作る

　まず「授業中，子どもが立ち歩くので困る」という場合について考えます。ADHD[02] 傾向のある子どもは，しばしば教室を立ち歩きます。この解決方法も自傷行為の話とまったく同じです。観察によって，その立ち歩きがどんな意味をもっているのか機能を分析して，より適切な代替行為が出現するように工夫します。

　立ち歩く行動の機能の一つは，嫌なことを**回避する**というメリットです。もう一つの機能は，周囲の**注目を引く**というメリットです。また 3 つめの機能は**感覚を得る**というメリットです。より詳しくは，他の機能もあるのですが，まずは**回避，注目，感覚**という 3 つの機能をおさえることが初段階の方には大事になります。これが観察するときのポイントです。

　立ち歩きの機能について，それが**回避**とわかれば，まずは，取り組んでいて楽しい課題を課すなど授業内容を変えてみたり，やり方を工夫したりします。このような対応は先生方は得意ですので，柔軟に対応してくださると思います。あるいは，座ることが楽しくなるようにゲーム感覚で号令をかけて座らせるなどもよいと思います。高学年になると効果的ではないかもしれませんが，低学年の場合，ゲーム感覚でできることは，楽しんでやってくれると思います。

　立ち歩きの機能が**注目**である場合は，行動を消していくことが有効です。立ち歩きをしているときには対応せず，先生は淡々と授業をする。しかし授業に集中するなど適切な行動が出てきたときは，先生が「いいね」「今日，ちゃんとプリントできているね」「かっこいいよ」といったかたちで

 講義メモ

02 ADHD　注意欠如・多動症と呼ばれる発達障害の一つ。不注意と多動性・衝動性を主な症状とする。

褒めます。そうすると，立ち歩いていても先生はスルーするわけですから，立ち歩くメリットがなくなるわけです。つまらないですよね。逆に，適切な行動をとれば先生が褒めてくれるのだから「そっちをやろうかな」と行動が置き換わっていきます。

　立ち歩きの機能が**感覚**を得る場合は，感覚不足なので歩き足りないわけですよね。ですので，休み時間に思い切って遊ばせます。先生も校庭に出て一緒にゲームをしたり授業中に伸びをしたりなど，ブレイクタイムを作って感覚が充足できる状況を作るのも一つの手かなと思います。

　このように発達障害に関しては，観察を通じて，回避・注目・感覚という3つのうちどの役割を果たしているかを見て，より適切な行動に置き換えていくことが原則になります。

7　PART 2 のまとめ

　最後に，スクールカウンセリング（SC）を実施するにあたり，意識しておくとよいポイントをお伝えしたいと思います。

ポイント6　**スクールカウンセリング（SC）実施の際の留意点**

・学校は，日常に開かれた場である
　▶日常の人々に心理専門職の技能を示す場
　▶専門家として研鑽に努める
・臨床を楽しむこと。そのためにまずはケースの成功例をもつこと
　▶そこでの手応えが次のケースにつながる
　▶認知行動療法の技法は，スクールカウンセラーを成功に導きやすい
・特に幼児期や児童期，思春期の問題については，生育歴が影を落としている場合も多いため，病理のメカニズムを考えるうえで力動的理論が役立つことも
・相手の良いところ，資源の面積を広げるイメージで事例と接すること。互いに，互いの良い部分でつながることが重要

　学校は，日常に開かれた場です。たとえば病院は病気の人が行くところであり，何らかのかたちで異常な状況に置かれている人が行くところであるため，日常に開かれている場ではありません。対して学校は，健康な人もそうでない人も，誰もが行くところです。つまり学校とは，日常に開かれた一般的な人たちに，心理の技能が知れわたる場と言えます。多くの人

たちが，「心理専門職とは何か」を学校で知ると言っても過言ではありません。そのためスクールカウンセラーは，実は心理の技能をもった人たちの代表であり，その役割を担っていると言えるのです。専門家として**研鑽を積む**ことが大事だと思います。

　研鑽を積むうえで大事なことが「**臨床を楽しむ**」ということです。そのためには，まずケースの成功例を一つでいいのでもつことです。一つあれば，そこでの手応えが次のケースに必ずつながります。しかも認知行動療法の技法は，かなりわかりやすく確立されているものが多いので，成功するヒントが満載です。私たちを成功に導いてくれるものなので，ぜひ上手に活用していただきたいと思います。

　それから，幼児期や児童期・思春期の問題は，生育歴が影を落としてる場合が多くあります。病理のメカニズムを考えるうえで力動的な理論は役に立ちます。力動的な理論について，私は否定していません。むしろ，とても有用なものだと思います。特に私は対人関係論は，小中高のお子さんの心の発達を考えるうえで，役に立っていると思います。ただ力動的な理論だけでは，学校で具体的に何か支援を実施したときに難しい場合があるのも事実です。

　そして最後に，相手の良いところやもっているリソース（資源）の面積を広げるイメージで接することが，ケースがうまくいくコツだと思っています。そして，クライエントもスクールカウンセラーも，互いに互いの気持ちよい部分でつながっていくことが，とても大事だと思います。クライエントは不愉快な経験をたくさんしているので，人とつながっていることに居心地の悪さを感じる場合がとても多いです。しかし，それでは生きていてつらいですよね。そうではなくて本来「人と接することは，とても楽しくて気持ちのよいことだよ」ということを，スクールカウンセラーがモデルとして示せることが，とりわけ学校臨床において大事であり，子どもたちの成長を支える視点として重要と考えています。

　巻末に講義で引用した文献をあげています。いずれも手に入れやすい論文や本ばかりです。内容もとてもわかりやすいので，ぜひ発展的な学習として使っていただければと思います。

講義メモ

03 対人関係論　新フロイト派の精神科医サリヴァン（Sullivan, H. S.）による理論体系。パーソナリティの発達は対人関係の経験によって決定づけられ，精神疾患もまた対人関係の問題ととらえる考え方。自身の存在を道具として，かかわりの中で対象の変化を観察する「関与しながらの観察」という概念で知られる。

まとめ

・不登校支援に関しては，家にいるメリットを減らし，学校に行くメリットを
　増やすことが原則となる。
・発達障害支援に関しては，観察を通じて回避・注目・感覚という3つのうち
　どの役割を果たしているかを確認し，より適切な行動に置き換えていくこと
　が原則になる。

TEST 1

以下の文章について，正しい文章には○，正しいとは言えない文章には×をつけなさい。

(1) 教育現場におけるコンサルテーションとは，子どもを支援する保護者や教師に対して行なう介入や，一緒に協働して作戦会議をすることを指す。（　　　　）

(2) スクールカウンセラーとしてどのような活動ができるか広報活動することは，越権行為に当たるため望ましくない。　　　　　　　　　　　　（　　　　）

(3) 子どもの問題は多岐にわたるため，短期間で効率よく成果を出そうとする姿勢は，スクールカウンセラーの姿勢として望ましくない。　　　　　　（　　　　）

(4) 心の仕組み図が子ども自身で書けないときは，スクールカウンセラーのほうで話を聞きながらまとめてみてもよい。　　　　　　　　　　　　　（　　　　）

(5) 心理教育として「こういう状況はこういうことが起こりやすい」という一般論は，固定的な理解を作り出す可能性があるため，説明するべきではない。（　　　　）

(6) スクールカウンセリング活動において，問題の根本である原因を解決しなければ問題は解決したとは言えないため，根本となる原因の特定を重視するべきである。　　　　　　　　　　　　　　　　　　　　　　　　　　　（　　　　）

(7) スクールカウンセリング活動においては，問題となる認知や行動を把握したうえで，速やかに禁止するよう働きかけることが求められる。　　　　（　　　　）

(8) 課題をスモールステップに分割し，段階的に達成できるよう働きかけることが望ましい。　　　　　　　　　　　　　　　　　　　　　　　　　　（　　　　）

(9) 子どもたちに好ましい変化が生じたら，スクールカウンセラーはタイミングよくその変化を取り上げ，肯定的な評価を提供することが望ましい。（　　　　）

(10) 不登校支援においては，学校のメリットに焦点化して，対応を考えていくことになる。　　　　　　　　　　　　　　　　　　　　　　　　　　（　　　　）

確　認　問　題
TEST 2

認知行動療法を活用したスクールカウンセリング活動の 7 つの支援のコツについて
まとめた以下の表について，①〜⑩の空欄にあてはまる言葉を，語群から選んで答
えなさい。

支援のコツ 1	モンダイを（　①　）する視点を，クライエントにもってもらう
支援のコツ 2	問題の（　②　）の追求や（　③　）に拘泥しない
支援のコツ 3	問題となる認知や行動の（　④　）をとらえ，適切な認知や行動に置き換える
支援のコツ 4	（　⑤　）しやすく，かつ（　⑤　）に（　⑥　）が随伴する目標を立てる
支援のコツ 5	好ましい変化を感度良くとらえ，（　⑦　）かつ（　⑧　）に指摘する
支援のコツ 6	支援の効果を把握するため，介入対象となっている認知や行動を（　⑨　）する
支援のコツ 7	（　⑩　）の取り組みを重視する

【語群】　表面的解決　　根本解決　　不快　　快　　記述化　　定量化　　肯定的
　　　　　否定的　　再発予防　　観察　　検査　　機能　　内容　　明瞭　　達成
　　　　　過程　　　犯人探し

確 認 問 題
TEST 3

以下の問いに答えなさい。

(1) 以下の表は，認知行動療法を基礎とした支援の6ステップについてまとめたものである。表の空欄①〜⑤にあてはまる言葉を，語群から選んで答えなさい。

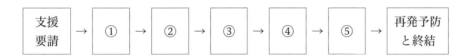

【語群】 介入実施　査定　関係作り　モニター　告知と介入計画

(2) 以下の表の①〜⑥にあてはまる用語名を，語群から選んで答えなさい。

①	コミュニケーションの困難さとこだわりの強さを特徴とする発達障害の一つ
②	属する文化において期待されることから逸脱した，持続的で広範かつ変化しにくい行動と内的経験のパターンをもつ者
③	生物学的性別と性自認が一致しないこと
④	児童の心身の発達を損なう衣食住環境や医療環境を，長時間放置しておくこと
⑤	突然に生じる急激な不安の高まりを主な症状とする精神疾患の一つ
⑥	強迫観念と強迫行為から成る精神疾患の一つ

【語群】ネグレクト　　強迫症（強迫性障害）　　自閉スペクトラム症　　パーソナリティ障害　　パニック症（パニック障害）　　性別違和（性同一性障害）

確 認 問 題
TEST 4

以下の問いに答えなさい。

(1) スクールカウンセリング活動において心がけるべきことについて，述べなさい。

(2) 学校臨床・スクールカウンセリングという場面において，認知的なアプローチより行動的なアプローチのほうが成果が出やすいという意見がある。その理由について，考えるところを述べなさい。

(3) 問題の外在化とはどのようなことか，説明しなさい。

(4) 不登校支援の原則について説明しなさい。

(5) 発達障害の子どもの自傷行為には大きく分けて「自己刺激行動」と「同情を引く行動」と「自己確認の行動」という 3 つの意味・機能がある。このそれぞれについて説明しなさい。

解答例

TEST 1

(1) ○
(2) ×　積極的に発信して活動する姿勢が求められる。
(3) ×　スクールカウンセラーの勤務時間は決して長くないので，限られた時間で成果を出すことを心がけるべきである。
(4) ○
(5) ×　一般論によって見通しが立つので，クライエントにとって安心材料になることも多い。
(6) ×　過去を振り返って，問題の原因探しに躍起になることは，問題解決のスピードを大いに鈍らせることになるので，望ましくない。
(7) ×　一方的に禁止されると，逆効果になることが多い。代替行動の獲得を目指す必要がある。
(8) ○
(9) ○
(10) ×　学校のメリットを増やすだけでなく，家で過剰になっているメリットを減らす視点も重要となる。

TEST 2

①観察
②根本解決
③犯人探し
④機能
⑤達成
⑥快
⑦明瞭
⑧肯定的
⑨定量化
⑩再発予防

TEST 3

(1) ①関係作り，②査定，③告知と介入計画，④介入実施，⑤モニター
(2) ①自閉スペクトラム症，②パーソナリティ障害，③性別違和（性同一性障害），④ネグレクト，⑤パニック症（パニック障害），⑥強迫症（強迫性障害）

TEST 4

(1)　スクールカウンセリング活動において心がけることを以下に4点あげる。

1つめは勤務時間である。スクールカウンセラーの勤務時間は短いため，1つのケースにかけられる回数が決して多くはない。そのため，短期間で効率よく成果を出すことを心がける必要がある。

2つめは不登校支援である。どの学校，どの校種でも，不登校の子どもは一定数いるため，不登校を支援できるスクールカウンセラーになるための活動は非常に重要となる。

3つめは協働することである。保護者や教師は，毎日子どもと接している大人たちであり，子どもに接する時間がスクールカウンセラーの何倍もある，子どもの専門家である。そのため彼らとの協働は必須である。また協同するためには，心理専門職の仕事を適切に理解していただく必要があり，彼らが納得できるような支援方法を提供するよう心がける必要がある。

4つめは，とにかく教室に入っていけるスクールカウンセラーになることである。学校のさまざまな場面を観察していることで「いろんなところで，あの人，見るな」と子どもたちに思われること自体が広報活動にもなる。自ら動いていくスクールカウンセラーになることを心がけることが望ましい。

以上4点を心がけながら，スクールカウンセラーは，学校のニーズを拾い，それに応じて仕事をアレンジして学校に提案していくことが求められる。

(2)　たとえば「ちょっと面倒くさくて放置していた部屋の窓拭き」を例にあげる。もし，その窓拭きを実行することを目標にして認知面にアプローチした場合，部屋の窓拭きのメリットを考えて「窓を拭くと，きっと光がたくさん入ってきて部屋が明るくなり，気持ちいいだろうな」など，一生懸命連想しながら，窓を拭きたくなるまで待ってみるといったようなアプローチになる。対して，行動にアプローチする方法は「やりたくはない」「本当に面倒くさい，嫌だな」と思ったり，愚痴を言いながらでもいいから，とにかく1面だけは拭いてみよう，というアプローチになる。

結果として窓を拭けているのは行動的アプローチである。スクールカウンセリングは時間が限られていて，短期間で成果を出さなければならない。そのため，行動でまずとにかく結果を出す方法のほうが，うまく行きやすいと考えられる。

(3)　問題の外在化とは，問題の経過やパターンを把握して，問題に適切に対処するために，とらわれや思い込みから距離がとれるようになることを指す。

　　クライエントは，問題や何か困りごとがあると，それと何かを引き離せない状況でやって来ることが多い。たとえば「私が悪いからこうなっちゃったんです」や，あるいは「先生が悪いから」「子どもがやる気がないから，こうなってしまったんです」みたいなかたちで，自分の身近な周りのいろいろなことと困りごとが，しっかり自分とくっついてしまった状態で悩んでしまいやすい。

　　そこで「誰が悪いのか」という話ではなく「悩んでいる事柄そのものが問題」というように対象化・外在化することが重要になる。このように心理職は，クライエントが問題と距離をとって，自身の問題を客観視できる状態を目指して働きかけていく。

(4)　不登校支援の原則は「家にいるメリットを減らし，学校に行くメリットを増やす」ことである。現代の日本の子どもにとって，学校よりも家のほうがずっと快適な環境であることが多く，子どもによっては，学校はデメリットだらけで，家はメリットだらけの可能性がある。たとえば学校のトイレは，そんなにきれいではないことが多く，また落ち着けるとは言い難い。学年によっては，トイレに行くと冷やかされる可能性もある。それに対して家のトイレは，のびのびと誰に邪魔されることもなく使える。

　　登校についても同様で，つらい早起きをして登校しなければならないけども，不登校になれば好きな時間に寝起きでき，とても気楽になれる。このように，家がとてもメリットが多い場所となっている。

　　そのため，不登校の支援においては「子どもが家にいるメリットはいったい，何なのか」を知ることが解決の第１段階になる。そのためには，保護者の協力が欠かせない。そこで，保護者に確認しながら，家での過ごし方を丁寧に明らかにしていくことが必要となる。同時に学校に行くメリットを増やしながら，家にいるメリットよりも学校にいるメリットが上回るように環境調整を行なうことが重要となる。

(5)　まず自己刺激行動とは，同じ行動を反復することで，その行為にのめり込むことである。のめり込むことで，周囲からの働きかけをシャットダウンして，自分の世界に入り込めるというメリットがある。

　　次に同情を引く行動とは，関心を得ることが目的となっている行動のことである。自傷行為は，すごく目立つため，周りの同情をとても引きやすく，関心を得ると気持ちがよいため，その行動が維持されやすい。

　　最後に自己確認の行動とは，刺激がなくなって手もち無沙汰になってしまったときに「痛み」を通じて自分の存在を確認する行動のことである。「ああ，生きてるな」「自分ってここにいるな」と感じることができる。発達障害に限らず，リストカットする子どもに理由を聞くと「切ることで生きてる実感がもてる」と言う子が結構多く，これはまさに自己確認の行動と言える。

　　自傷行為に対しては，観察を通じてこの３つのうちどの機能を果たしてるのか見ていく必要がある。もちろん，複数の機能にまたがっている場合もあるため，自傷行為の機能を１つに限定する必要はない。

PART 3

医療で認知行動療法を
活用するために

精神科に限らず医療・保健のさ
まざまな領域において活用され
ている認知行動療法の適用の仕
方について，新世代の認知行動
療法も含めて行動医学の観点か
ら事例を交えて具体的に解説し
ます。

講　義

熊野宏昭
早稲田大学人間科学学術院　教授

0 はじめに：
講義の概略

1. うつ病の常識的な理解

||||||||||||||||||||||||||||||||||||||||||||||||||||||||||||||||

　早稲田大学人間科学学術院の熊野です。本講義は「医療で認知行動療法を活用するために」必要な知見について見ていきます。まず認知行動療法のアプローチは，医療現場でどのように用いられるのかを見ていきましょう。

　ここでは，うつ病を例として考えてみたいと思います。一般の人たちは，うつ病をどのように理解しているのでしょうか。うつ病と言えば気分や思考，行動について，落ち込む病気ということ，暗いほうに考え

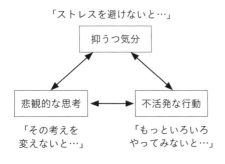

図 0-1　うつ病の常識的な理解

てしまうこと，また閉じこもって引きこもりになり動けなくなってしまうこと，といったように理解しているのではないかと思います（図 0-1）。

　そしてたとえば，友だちや知り合いにうつの人がいると，皆さん，思ったことをアドバイスします。図のように「気分」から考えて「ストレスを避けないと駄目かな」「無理しないでストレスになることを減らそうね」とアドバイスします。「思考」からは「その考え方を変えていかないと，なかなかうまくいかないんじゃない？」とアドバイスをします。「行動」からは「もっといろいろやってみないと，元気も出ないんじゃないかな」「もっといろいろやってみよう」と言ったりします。しかしこの「行動」に対するアドバイスは，「気分」に対する「ストレスを避けること」と矛盾しています。そのため言われたほうは，どうしていいわからなくなってしまいます。このように，常識的な理解だけではうまくいきません。そこで専門家が必要になるわけです。

2. 精神医学によるアプローチ

||||||||||||||||||||||||||||||||||||||||||||||||||||||||||||||||

　では，精神医学はどのようにアプローチするのかというと，抑うつ気分から注目していきます（図 0-2）。

　抑うつ気分は，脳機能障害の結果で起きていると考えます。つまり脳の**扁桃体**[01]や**海馬**[02]，あるいは**前頭葉**[03]が正常に働かないために抑うつ気分がコントロールできな

 講義メモ

01 扁桃体　大脳辺縁系の部位の一つで，情動の生起に関連すると言われている。
02 海馬　大脳辺縁系の部位の一つで，記憶の生成に関連すると言われている。
03 前頭葉　大脳の前面にあり，理性や判断，感情の制御など最も高次な認知機能を担う脳部位とされている。

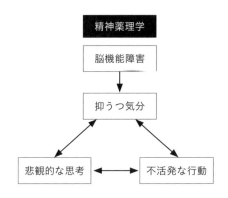

図 0-2　精神医学によるアプローチ

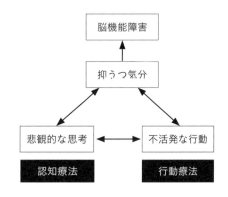

図 0-3　認知行動療法によるアプローチ

くなり，その抑うつ気分が悲観的な思考につながったり，行動を抑えてしまったりするということです。この思考と行動が，お互いに強め合って病的になっていきます。そこで精神医学の立場では，**精神薬理学**で治療しようということになります。脳の病気だったら脳に効く薬を投与すれば気分が改善して，思考が改善して行動も改善するでしょう。それが精神医学の考え方で，筋は通っていると思います。

3.　認知行動療法によるアプローチ

　次に，認知行動療法によるアプローチではどうか，見てみましょう。

　認知行動療法は，精神医学によるアプローチとは逆からスタートします。うつ病の患者さんが日常生活の中でどのように振る舞っているのか，どのような行動や考え方になっているのかをアセスメントします。そして主に思考パターン・行動パターンに

介入します。ちなみに，認知行動療法による介入が難しいのは気分と身体です。この2つの介入法は非常に限られています。気分と身体に対する介入法として，認知行動療法で伝統的に使われてきたのはリラクセーションです。またマインドフルネス[04]も気分や身体の問題に対してアプローチすることができますが，基本的に認知行動療法は，思考パターンや行動パターンを変えていくわけですね。

　ですから，図 0-3 の下の部分に注目します。悲観的な思考と不活発な行動がお互いに影響を与えながら悪循環になっていることで気分も落ち込みます。そして，この先が興味深いのですが，落ち込んだ気分がずっと続いていくと脳機能障害がひどくなることがあるのです。だから脳の働きと心理行動面の働きは，実は**双方向性**なんです。脳が障害されるから心理行動面が障害される，という流れが精神医学的な理解ですが，認知行動療法の理解は逆です。心理行動面が変われば，脳も変わるはずだという考え方

宮川 純（河合塾 KALS 講師）

---

04 マインドフルネス　今の瞬間の現実に常に気づきを向け，その現実をあるがままに知覚し，それに対する思考や感情には囚われないでいる心のもち方，存在のありよう，瞬間瞬間の身体感覚，思考，感情などに気づき，いつもだったらしてしまう反応を止めることで，習慣化している症状や問題行動を消去することが可能になるとされる。効果については脳科学的なデータも蓄積され，適用範囲が拡大してきている。

で，実際それを示すデータが多く出てきています。私の大学での研究テーマの一つは，そこです。脳が変われば心が変わるのは当然ですが，心が変われば脳も変わるのではないか，という研究をずっと行なっています。かなりデータが蓄積されており，心理行動面を系統的に変えていくと，脳が変わることが明らかになっています。そこで認知行動療法では，悲観的な思考には**認知療法**⁰⁵，不活発な行動には**行動療法**⁰⁶で働きかけを行ないます。これが認知行動療法によるアプローチの特徴になります。

4.　医療における心理の専門領域

　薬物療法について，英語でmedical treatmentと表記することがあります。medical treatmentというのは，身体医学的な治療法のことを指します。そして，精神医学も実は身体医学的な治療法を使っています。と言うのは，精神医学では，精神疾患を脳の病気としてとらえているのです。つまり身体の一部である脳を治療するので，精神医学でも身体的な治療を行なっていることになるのです。

　医者は身体の専門家です。私も医者なのでよくわかりますが，医学部では心理行動面を診る教育はほとんどまったく受けていません。だからこそ，その部分に心理の専門領域が確立でき，認知行動療法のアプローチが意味を成すことになります。

5.　本講義の構成

　本講義は以下の構成で進めていきたいと思います。

1. 心療内科クリニックでの活用
2. 行動医学という分野
3. 現代医療とセルフケア
4. 医療現場での支援への参加
5. 専門分化と権限の委譲

医師
身体面の専門家

心理師
心理行動面の専門家

精神医学も身体的な治療です

講義メモ

05 認知療法　瞬間的に浮かぶ「自動思考」やその基盤となる「思い込みや信念」の妥当性を検討し，柔軟で幅広い考え方ができるように，認知の再体制化を目指す心理療法。
06 行動療法　学習理論に基づき，心理的問題や症状は不適切な学習によるものだと考え，不適切な学習を消去し，適切な行動を学習することを目指す心理療法。

心療内科クリニックでの活用

1 綾瀬駅前診療所での経験

本章では，心療内科クリニックで認知行動療法を実際に活用してきた
データを見ていきたいと思います。

私が非常勤で診療所長をやっており，週に2日勤務している綾瀬駅前
診療所という診療所が足立区にあります。非常勤で診療所長をやっている
というのも変な話ですが，理事長が別にいるのでできています。大学病院
の医者は，大学からの給料だけではとても暮らせないので，みんな外にア
ルバイト（外勤）に行きます。そして私は医者になってからずっと，外勤
先として綾瀬駅前診療所で仕事をしています。

綾瀬駅前診療所の心療内科では，時代に先駆けて1996年からずっと，
新進気鋭の心理士を配置することで，近年注目されている認知行動療法を
実施できる体制を提供し続けてきました。認知行動療法は，薬を使わずに
心理行動面や生活面の改善をはかる科学的な治療法です。主に大学院生が
担当してきました。修士の大学院生と博士の大学院生の両方を置いており，
博士の大学院生は公認心理師，臨床心理士資格をもっているか，少なくと
も受験資格を有しています。

2 大学院研修生の担当ケース（H8 ～ H17）

実際，どのような治療が行なわれてきたのか見てみましょう。表1-1は，
最初の約10年間で診たケースです。

診断名は表の左に並んでおり，気分障害[01]，不安障害[02]，身体表現性
障害[03]，摂食障害[04]，睡眠障害[05]，適応障害[06]，パーソナリティ障害[07]，
身体疾患，その他とあります。多いのは不安障害で，総計162例のうち
62例あります。また31例が気分障害です。なおこの162例には，綾瀬
駅前診療所とは別のクリニックで，私がスーパービジョンをしていた心
理士が診ていたケースも含まれています。なお綾瀬駅前診療所だけでは，
10年間で123例です。ただどちらのクリニックでも中身は同じ感じだっ

 講義メモ

01 気分障害 うつ病と双極
性障害の総称。精神疾患の診
断基準 DSM の最新版 DSM-5
ではこの気分障害という総称
は用いられず，うつ病と双極
性障害がそれぞれ別のカテゴ
リーになった。

02 不安障害 不安を主症状
とする病態の総称を不安障害
（DSM-5 からは不安症）と呼
ぶ。パニック症，広場恐怖症，
社交不安症，全般性不安症な
どが含まれる。

03 身体表現性障害 身体症
状に対する過剰な不安やとら
われを主症状とする病態のこ
と。DSM-5 では身体症状症
と呼ばれている。

04 摂食障害 食行動の異常
が見られる病態であり，神経
性やせ症と神経性過食症に大
別される。

05 睡眠障害 不眠障害の場
合，睡眠困難が少なくとも1
週間に3夜，少なくとも3か
月持続している場合に診断さ
れる。他には，急激に眠気に
襲われるナルコレプシーなど
が睡眠障害には含まれる。

06 適応障害 心身の症状の
うち，明らかにストレス因が
特定できるもの。ストレスが
原因であるため，環境調整に
よる対応が基本となる。

07 パーソナリティ障害
PART 2「1 スクールカウン
セリング活動と認知行動療
法」講義メモ **08**（p.66）を
参照。

表1-1　大学院研修生の担当ケース（H8 ～ H17）

	Treatment Methods								
	E	T	C	M	Co	SST	AT	R	EMDR
気分障害（31）	3	11	13	1	10	1	5	1	0
不安障害（62）	32	13	27	3	8	5	33	8	1
身体表現性障害（15）	1	2	2	1	1	0	8	1	1
摂食障害（3）	0	1	0	0	2	0	0	0	0
睡眠障害（5）	2	0	1	0	0	0	5	0	1
適応障害（26）	1	1	4	0	17	0	4	4	0
パーソナリティ障害（3）	0	0	0	0	3	0	0	0	0
身体疾患（心身症）（11）	1	1	4	0	1	0	11	1	0
その他（6）	1	2	1	0	2	2	1	1	0
Total（N=162）	41	31	52	5	44	9	67	16	3

E：エクスポージャー，T：段階的タスク割り当て，C：認知再構成法，M：マインドフルネス療法，Co：認知行動論的カウンセリング，SST：ソーシャルスキルトレーニング，AT：自律訓練法，R：AT以外のリラクセーション法，EMDR：眼球運動による記憶の再処理法
＊終結 76/123 ケースの介入期間の中央値：8 か月

たので，まとめて表にしました。

　そこで使われている治療法を見てみると，E，T，Cがいわゆる認知行動療法らしいところです。Eは**エクスポージャー**，苦手な場面にどんどん出て行って体験をして「大丈夫だ」ということを体験的に学習する方法です。Tは**段階的タスク割り当て**で，できなくなっていることを段階的に実行して，だんだんできるようにしていく方法です。うつにもよく使われる方法ですね。それからCは**認知再構成法**，これは認知療法で，考え方の幅を広げていろいろな考え方ができるようになるための方法です。それからMは，**マインドフルネス療法**です。この当時からマインドフルネスをやっていたわけですね。それから多いのはATとR，ATは**自律訓練法** [08] で，Rは自律訓練法以外のリラクセーション法 [09] です。

　この時代は，自律訓練法が 162 例中 67 例と非常に多かったです（治療法の重複があるため，単純に合計をすると 162 名を超えます）。また，身体疾患の心身症 [10] を見ていただきますと，11 例の全例に自律訓練法が使われています。ですから認知行動療法で身体症状に働きかけるときは，まずリラクセーションでした。なおこれは，診断名から治療法を選んだわけではありません。個々のケースで認知行動療法のケース・フォーミュレーションを行なって，その結果に基づいて，一例一例，治療法を決めていきました。

　しかし，こうやって表にしてみると，気分障害は段階的タスク割り当て，認知再構成法が多いです。また，不安障害はエクスポージャーや認知再構

講義メモ

08 自律訓練法　ドイツの精神科医シュルツ（Schultz, J. H.）が催眠中の体験に基づいて体系化したセルフ・コントロールおよびストレス緩和の方法。一定の手順に従って練習を進めることで，リラクセーションやマインドフルネスの効果が得られる。

09 自律訓練法以外のリラクセーション法　腹式呼吸，呼吸を数える方法，全身の筋肉を順番に緊張させて弛緩させる漸進的筋弛緩法などが代表的。

10 心身症　心理社会的ストレスが主な原因となって発症したり症状が悪化する身体疾患のこと。過敏性腸症候群や慢性頭痛などが代表的。

成法，自律訓練法が多いです。このように，結果として診断名に対応した
治療法が使われている面もあることが見えてきます。これが最初の 10 年
間です。

3 　大学院研修生の担当ケース（H26 ～ H27）

次に，さらに 10 年後のデータで，平成 26 年の 1 月から平成 27 年の
8 月ぐらいまでのデータをまとめたものが表 1-2 です。

まず数に注目してください。先ほどの 10 年間は 123 例でしたが，こち
らは 1 年半で 55 例も診ており，数が圧倒的に増えています。

また，使われている治療法が大幅に変わっています。E，BA，ACT は
認知行動療法らしいところ，ACT，MCT，ATT はマインドフルネスにつ
ながるところ，AT，R はリラクセーションです。こうやって見てみると，
ACT[11] がとても多いです。私が ACT を専門にしていることも関係してい
ますが，55 例中 37 例も使われています。

診断名については，不安障害が非常に多く 26 例もあり，気分障害がそれ
に次いでいますが，この傾向は 10 年前のデータとあまり変わっていません。

治療法の中身を見ると，自律訓練やリラクセーションを使っているケー
スが非常に減っています。それに対して ACT，マインドフルネスを使う
認知療法系の認知行動療法である MCT（メタ認知療法）[12] や，MCT の

講義メモ

11 ACT　アクセプタンス＆
コミットメント・セラピー
（Acceptance and Commitment
Therapy）の略称。新世代の
認知行動療法の一つ。「脱
フュージョン」「アクセプタン
ス」「プロセスとしての自己」
「文脈としての自己」「価値の
明確化」「コミットした行為」
という 6 つの行動的プロセス
を増やすことを目指す。

12 メタ認知療法　認知行動
療法の中でも，自分がどのよ
うな認知をして，それがどん
な影響をもつかをとらえる
「認知に関する認知」である
メタ認知と，注意制御能力を
高めることに焦点を当てたも
の。

表 1-2　大学院研修生の担当ケース（H26 ～ H27）

	Treatment Methods								
	E	BA	ACT	MCT	ATT	Co	Ass	AT	R
気分障害（15）	1	5	11	1	2	1	2	1	0
不安障害（26）	3	1	19	5	3	1	0	2	1
身体表現性障害（2）	0	0	0	1	0	1	0	2	0
摂食障害（3）	0	0	1	0	0	3	0	0	0
睡眠障害（2）	0	0	1	0	0	0	0	1	0
適応障害（2）	0	0	0	0	1	1	0	1	0
パーソナリティ障害（1）	0	0	0	0	0	1	0	0	0
身体疾患（心身症）（2）	0	0	2	0	0	1	0	0	0
その他（3）	0	0	3	0	0	1	1	0	0
Total（N=55）	4	6	37	7	6	9	3	8	1

E：エクスポージャー，BA：行動活性化療法，ACT：アクセプタンス＆コミッ
トメント・セラピー，MCT：メタ認知療法，ATT：注意訓練，Co：認知行動論
的カウンセリング，Ass：自己主張訓練，AT：自律訓練法，R：AT 以外のリラクセー
ション法

＊終結 26/55 ケースの介入期間の中央値：4.5 か月

講義メモ

13 注意訓練　主に自分に関連する刺激に集中してしまいやすい状態から注意を柔軟に切り替えられるようになるために，周囲の環境中の中性音に注意を持続・転換・分割する訓練を行なう方法。

14 行動活性化療法　行動活性化療法とは，自分が目指す方向（価値）に沿った活動を増やすことで，不安や落ち込みなどのネガティブな思考や感情の回避を減らし，喜びや達成感などのポジティブな体験を増やしていく認知行動療法。行動のセルフモニタリングに活動記録表を用いる。

15 中央値　測定値を小さい値から並べた場合に，中央に位置する値のこと。
　たとえば，1,3,6,8,20 ならば，中央値は 6 となる。

中で活用される ATT（注意訓練）**13** が増えています。ATT は，インスタントなマインドフルネスの練習と考えると理解しやすいかもしれません。そして，行動療法で多く使われているのはエクスポージャーと，BA（行動活性化療法）**14** です。しかしエクスポージャーも行動活性化療法も ACT の中に含まれることが多いので，ACT というかたちでリストアップされているものが非常に多くなっています。このように，医療現場で使われている認知行動療法が，大分変わってきていることを，ぜひご理解いただけたらと思います。

　それからもう一つ注目していただきたいことが，介入期間の中央値**15** です。表 1-1 の中で，綾瀬駅前診療所で診た 123 例のうち，過去にこの集計をした時点で終結していたのは 76 例で，介入期間の中央値は 8 か月でした。おおよそ 8 か月ぐらいで治療が終わっていたわけですね。それが，表 1-2 の 1 年半のデータを見てみると，終結ケースが 55 例中 26 例あり，介入期間の中央値は 4.5 か月です。なんと 4.5 か月で治療が終了して良くなっているのです。中断ケースではありません。ですから，認知行動療法は発展して進化していると言えます。4.5 か月はかなり短いですよね。週に 1 回の人や，2 週間に 1 回の人も混じっていると思われますが，それでもだいたい 4 〜 5 か月あれば終わってしまう，そういう時代に来ています。

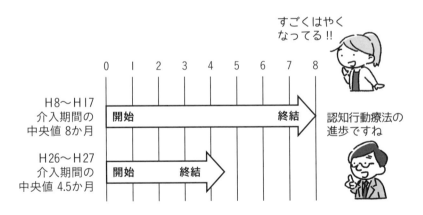

講義メモ

16 スーパービジョン　クライエントへの治療面接と並行して，指導者であるスーパーヴァイザーに，継続的に自分の担当ケースの経過を報告し指導・助言を受けること。心理職の訓練として非常に大きな役割を果たす。

　しかも実施は大学院生です。もちろん臨床心理士（近年であれば公認心理師）を取っている博士課程の大学院生もいますが，修士の学生も混じっています。しかし，そのような大学院生が実施しても，十分に治療効果が上げられるような治療体系になっていることは，私は非常に重要だと思っています。もちろん全例，私がスーパービジョン**16** を行なっていますので，それがなければ，こんなにうまく進まないとは思いますが，それでも大学院生が自分で担当してこれだけの成績が収められるというのは，認知行動療法という方法自体が，かなり進化しているととらえられるのではないか

と思います。

・かつては自律訓練法やリラクセーションが主に使われていたが，現在は主に
　ACT が使われているように，過去と現在では認知行動療法でも用いられてい
　るアプローチが異なっている。
・大学院生でも十分なスーパービジョンのもと認知行動療法を実施することで，
　一定の効果を収めることが可能である。また，介入期間の減少から，認知行
　動療法が洗練され，進化しているとわかる。

2 行動医学という分野

1 行動医学とは

　私が大学で専門にしている**行動医学**について説明します。行動医学とは学際的な分野ですが，その柱は医療の現場に認知療法・行動療法・認知行動療法的なものを導入していく分野です。なおここでの医学・医療は，精神医療に限定せず身体医療も含めます。今回は医療現場で認知行動療法を活用するという話ですが，認知行動療法は，精神医療だけではなく身体医療でも使われていることも含めてご理解いただけたらと思います。

> **ポイント1**　**行動医学とは**
>
> ・「行動医学は，臨床医学に対する心理学者の殴り込みですよ」
> 　▶臨床心理学の一分野としての理解
>
> （赤木，1989）

　防衛医大にいらっしゃった赤木先生という小児科の先生がいます。この方は，行動療法を早い時代から医療の現場に持ち込んで，実践してこられた方です。この赤城先生が，『新・行動療法と心身症：行動医学への展開』という本を書かれています（赤木，1989）。その中で，「**行動医学は，臨床医学に対する心理学者の殴り込みですよ**」という，非常に印象的な言葉を書いておられました。つまり臨床心理学を専門にする心理学者の目から見ると，臨床医学に対して「もっとこういうところ何とかなるでしょう」という点がたくさん見えるわけです。そういった点を，自分たちが乗り込んでいって実践しようとして始めたのが行動医学という分野なのです。

　しかし残念ながら日本では，この分野は確立が遅れてしまいました。日本行動医学会という学会もあるのですが，600人ぐらいの会員でまだまだ小さいです。しかしアメリカやヨーロッパでは，かなり大きくなっている分野なのです。

　行動医学は医学と言っていますが，学際的な分野であり，私が教えてい

るのは臨床心理学の一分野としてです。私は公認心理師と臨床心理士資格
ももっておりますので，医師であり心理師であるという立場で，臨床心理
学の一分野として大学で行動医学の講義をしています。

2　隣接領域との関係

　隣接領域との関係を単純化して説明したものが，図 2-1 になります。
　特に身体医療を実践している人たちが，身体医学的な治療だけでは何と
もならなくなって臨床心理学を学びに行き，それを持ち帰って確立した領
域が**心身医学**という分野です。ですから，心身医学の実践主体は**心療内
科医**です。心療内科医が身体医学的なメディカルな治療だけではどうに
もならず，精神科の先生に相談してみるけれども，今から 50 年前の精神
科の先生たちは，統合失調症か双極性障害しか診ず，不安障害や軽いうつ
病や心身症は全然診ない方が多かったのです。そうすると，自分たちで何
とかするしかない。しかし，何とかする知識や技術のソースは，精神医学
の中にはない。「ならば臨床心理学か」ということで臨床心理学を学んで，
自分たちの領域に持ち帰って発展させた領域が心身医学です。
　それに対して行動医学は，先ほどお伝えしたように臨床心理学から身体
医療や精神医療に乗り込んでいって確立した領域です。ですから，行動医
学の実践主体は**臨床心理学者**です。特に欧米でその傾向があります。し
かし日本では行動医学自体がなかなか確立されず，発展しませんでした。
日本行動医学会の構成メンバーを大まかに見てみると 3 分の 1 が心理，3
分の 1 が心療内科医，3 分の 1 が公衆衛生，という感じです。もちろん
精神科の先生や看護師もいますが，多いのはこの 3 つのグループです。
ただ，行動医学のもともとの成り立ちは臨床心理学をどうやって医療の現
場に持ち込むのか，という方向性です。その場合，臨床心理学の中でも特
に**医療心理学** [01] という分野が関係が深いことになります。

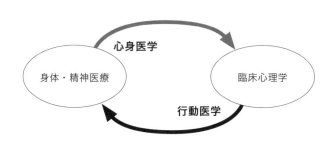

図 2-1　隣接領域との関係

3　行動医学の対象領域

次に，行動医学の対象領域を見ていきましょう。

> **ポイント2**　**行動医学の対象領域**
>
> ・心身症（ストレス性の身体疾患），神経症（非精神病性の精神疾患），問題行動，リハビリテーションなどに対する認知行動療法，バイオフィードバック療法，リラクセーション技法などによる直接的介入
> ・慢性身体疾患（糖尿病，高血圧，虚血性心疾患，慢性疼痛など）の治療管理に対する援助
> ・疾病の予知・予防，健康行動の確立と維持

講義メモ

02 不定愁訴　ふていしゅうそ。「なんとなく体調が悪い」という自覚症状の訴えがあるものの，検査をしても客観的所見に乏しく，原因となる病気が見つからない状態のこと。

03 自律神経失調症　さまざまな身体症状が，ストレスや過労などが原因となった自律神経系（交感神経と副交感神経）のバランスの崩れから生じていると考えられる場合に用いられている慣用的な病名。

04 パニック症　特に理由がないのに突然生じる不安の高まりであるパニック発作を主症状とする病態。パニック発作は，動悸，発汗，震え，息苦しさ，めまい，胸腹部の不快感などの身体症状を伴い，死の恐怖や気が狂う恐怖など強い恐怖感を感じる。そのため，発作の再発を恐れる不安（予期不安）が強まったり，逃げられない場所を回避する広場恐怖を伴う。

05 精神病　精神病の中でも，最も代表的な疾患が，妄想と幻聴を主な特徴とする統合失調症である。

行動医学の対象領域としてまず**心身症**があげられます。心身症はストレス性の**身体疾患**です。心身症が身体疾患であることは，忘れないでしっかり頭に入れておいていただきたいと思います。胃潰瘍や頭痛，気管支喘息などの身体疾患があって，その発症や経過にストレス性の要因がかかわっているものを心身症と言います。対して，不定愁訴 [02] をいろいろもっていたり，特に以前から自律神経失調症 [03] と呼ばれてきたような病態は，心身症とは言えません。分類するとすれば，自律神経失調症の半分ぐらいはうつ病かパニック症 [04] です。残りの半分は，不定愁訴を訴えて身体症状をいろいろ表す身体表現性障害という診断名がおそらく適切かと思います。

また，行動医学の対象領域として**神経症**もあげられます。神経症という言葉は近年ほとんど使われませんが，これは非精神病性の精神疾患のことです。ですから，不安障害などはここに入るわけです。うつ病の大部分もここに入ってきます。

ちなみに皆さん，精神病と精神疾患がどう違うのか，正しく把握しているでしょうか。**精神病** [05] とは，幻覚，妄想症状を呈している精神疾患のことです。幻覚や妄想症状がある精神疾患を精神病と言うんですね。ですから精神疾患のほうが広くて，精神病は小さい部分集合です。そのため精神疾患全般のことを精神病と言ってはいけません。精神病は幻覚，妄想をもっている人に対して，正確に使う必要があります。つまり，神経症とは精神疾患の中でも精神病ではない人たちを指す言葉とも言えます。

それから行動医学は，問題行動やリハビリテーションなどに対して認知行動療法を直接適用していく分野でもあります。また以前ほど使われなくなりましたが，たとえば，自分の血圧を目に見えるかたちでモニターしながら血圧を下げる練習をしたりする**バイオフィードバック**もあります。

喘息の人であれば気管支の内圧をモニターしながら，気管支の圧力を下げる練習をしたり，過敏性腸症候群の人であれば，お腹の動きをモニターしながら，そのお腹がぐるぐるいわないように練習したりします。ですから普通はIT器具を使い，私たちの生理データを機械をとおして目に見えるようなかたちにして光や音で示します。ただ，このバイオフィードバックの発想は，別に機械がなくてもできたりします。以前，室蘭工業大学にいらっしゃった齋藤先生が，過敏性腸症候群の簡単なバイオフィードバックを開発したと発表されました。どのような方法か聞いたら，聴診器を渡して自分のお腹の音を聞かせるのです。不安定な動きだとぐるぐる聞こえますので，その音を聞きながら音を静かにする練習をさせたら過敏性腸症候群が良くなったと報告されていて「なるほど，これはバイオフィードバックだ」と思った覚えがあります。

　このような方法は，身体的な生理反応に対して**オペラント条件づけ**が成り立つことを示した基礎的な研究から，行動医学の一分野として発展しました。オペラント条件づけというのは，何か行動したときに良い結果が伴えばその行動が増える，悪い結果が伴えばその行動が減るということです。たとえば高血圧のバイオフィードバックを考えてみましょう。血圧が高い間は音がビービー鳴るため，嫌な結果が伴っています。血圧を一定値より下げることができれば，そのビービー音は収まり，嫌な結果が除かれるわけです。すると，血圧を下げる行動が習慣化していきます。そのような原理を使って進めていくものです。

　ここで大事なことは，自分の血圧がどうなるかを見ながら，意図的なコントロールを繰り返し練習することです。最終的にその練習によって，意識が関与せず自動的に血圧をコントロールする回路が正常化されることが目的です。そのために，まず意識を介在させて正常な身体の動きを復活させて，それが自動的な身体の動きに移行していくのを待つという流れがバイオフィードバックの原理です。

　あとは，リラクセーションによる直接的介入です。また，慢性身体疾患，糖尿病，高血圧，虚血性心疾患，慢性疼痛など，**身体疾患の治療管理**です。これらの病気の治療管理は難しいですね。糖尿病の場合，食事療法や運動療法をやらなければなりません。高血圧も食事に気を配り塩分を避け，運動もしなければならない。虚血性心疾患も適度な運動をしないと次の発作が起こりやすくなります。あとはタイプAと呼ばれる攻撃的な性格傾向 [06] も修正していったほうが予後は良いとされていますので，そのようなこともしたほうがよいです。慢性疼痛の場合，痛みが強くなって慢性化すると，その痛みのことばかりで生活が回るようになってしまいます。いつも痛みのことばかり考えながら，なるべく痛みを感じないようにする**回避行動**が増えていきます。痛みをなるべく感じないように回避すると，

講義メモ

06 タイプA行動パターン
高い野心，競争心，性急さ，攻撃的，敵対的行動，時間的切迫感などの行動パターンである。タイプA型行動パターンの者は交感神経系の反応が高く，喫煙・不健康な食生活を有することが報告されており，それが心筋梗塞のリスク要因となっているとされる。

回避の逆説的効果によってますます痛みを強く感じるようになって，生活が痛みに振り回されるようになってしまいます。こういった悪循環になる反応パターンを**疼痛行動**と言います。こういった難しい病態の治療管理の援助も対象の一つです。認知行動療法は，直接的な介入により症状を改善することにも役に立ちますし，慢性身体疾患の治療管理のお手伝いにも有用です。

　それから公衆衛生的なことですが，疾患の予知・予防，健康行動の確立と維持といったところにも行動医学は適用されています。

4　行動医学では人間をどう理解するのか

　次に行動医学では，人間をどう理解しているのかを述べます。

> **ポイント3**　**行動医学では人間をどう理解するのか**
>
> 人間理解の3つの方向性
> ・自然科学的・物質的：「構造」面からの理解
> 　▶生物学，身体医学，精神医学
> ・象徴的・比喩的：「内省」面からの理解
> 　▶文学，哲学，精神分析学
> ・行動科学的・情報的：「機能」面からの理解
> 　▶行動心理学，データ解析法

　人間理解について，3つの方向性を考えてみます。一つは，人間を物質とみなし，**構造面**から理解する方向性です。ここを扱っているのは生物学であり身体医学です。そして先ほどもお伝えしたとおり精神医学もここになります。つまり医学とは，自然科学的・物質的に人間をとらえている学問と思っていただければよいです。

　それから，もう一つ人間を理解する方法は，**内省面**から理解する方向性です。たとえば文学や哲学，精神分析学が，このような方向性で人間を理解しようとしていると思います。内省をどんどん深めていくことによって自分自身が理解できます。そしてそれは，自分とは異なる他の人の心の理解にもつながります。この「自分がもっている心と違う心を他の人がもっている」ことを理解できるのはかなり高次の認知機能であり，**心の理論**と名づけられています。普通の子どもですと5歳ぐらいで身につくとされています。この心の理論がなかなか身につかないのが，発達障害の特に**自閉スペクトラム症**の人たちです。言語機能の困難をさほど示さず，知的

障害があまりない自閉スペクトラム症である**アスペルガー障害**[07]の人たちは、おおよそ10歳ぐらいに心の理論が身につくとされています。でも10歳は決して早くはないのです。10歳ではじめて「隣の人は自分と違ったことを考えていたんだ」とわかったら、それは不適応を起こしやすくなります。それまでは、みんな自分と同じことを考えていると思っていたわけですから。「あれ？　違うこと考えてんの？　それじゃあ全然理解できない」ということになってしまい、そこから不適応につながっていくことがあります。このように、発達障害の不適応の問題は、一次的障害に起因するものに加えて、心の理論が身についてしまったことによる二次的障害も、結構な割合であったりします。

07 アスペルガー障害　他者の考えていることがわからない、こだわりの強さなどの特徴は自閉症と共通しているが、言語能力や知的能力に比較的困難を示さない者を指す。コミュニケーションの困難さやこだわりの強さに発達早期から障害をもっており、自閉症児と同じような支援が必要であることから、DSM-5からは自閉スペクトラム症の中に統合され、それ以前の「アスペルガー障害」という診断名はあまり使われなくなった。

心の理論が「身についたこと」による二次的障害

　このような話にもつながっていくので、内省面からの理解は大事ですが、しかし残念ながら内省的な理解をデータにすることはとても難しいのです。そのためこれらが科学になることは、なかなか難しいわけです。認知心理学や脳科学などが組み合わされて、だんだん科学的な研究はされてきていますが、それでも現時点ではまだ、内省的な面から人間を理解するのは科学にはなりにくいです。

　そこで出てきたのが、第3の立場で行動科学的・情報的な人間を理解する方向性です。これは、**機能面**からの理解です。人間がどのような働きを果たしているのかに注目します。たとえば、講義を行なっている間は、私は講師として機能していますが、講義が終われば講師として機能はしないですよね。たとえば、家では父親や夫として機能することになります。これは、**確率論的**とも言えます。どのような状況でどのような機能が発揮されやすいのかという理解が確率論的になされます。このように機能面からの理解は、状況や環境を含めて考えることになります。

　「もの」として理解することが物質的な理解だとすると、この行動科学的な理解は「こと」として理解するわけです。人間を「こと」として理解するとは「どんなときに、どんなことや、どんな振る舞いをしているか」

を理解することであり，そのため**情報的な理解**と言うことができます。そしてここに相当する領域が，**行動主義心理学**[08]です。あとは**データ解析**が必須です。なぜならば人間を情報としてとらえ，「こと」としてとらえるためには，得られたデータをどう解析するか，どのように有用な情報を抜き出してくるかが非常に重要だからです。

　なお，認知も観察して測定できるものであれば，この第3の立場に入れてもよいです。内省的なもので，観察して測定できないものは2番めの立場に入ると考えれば整理できると思います。

5　心身相関マトリックスからの理解

　次に**心身相関マトリックス**（図2-2）について述べます。これは私が，人間をサブシステム[09]で理解するとどうなるかなという疑問や，心身医学を理解していくときに，心身医学はどこを扱っているんだろうという疑問をもとに，以前作ってみたものです。

　まず身体と心があるということで，一番左側に〔**身体**〕，一番右側に〔**心**〕を置いています。そしてその間に，体とも心ともつかない部分を〔**情報体**〕として置いています。

　〔身体〕・〔情報体〕・〔心〕はそれぞれ，〔**上層**〕・〔**中層**〕・〔**下層**〕という3つに分けています。〔下層〕には【社会環境】とのインターフェース[10]を形成しており，そこで測定できるものを配置しています。なお，人間が作り出す環境のことを【社会環境】と呼ぶことに対して，動物としてのヒトが所属している環境を【自然環境】と呼んで区別しています。その【自

【自然環境】

〔身体〕	〔情報体〕	〔心〕	
遺伝子	動因	人格	〔上層〕
器官	免疫系 内分泌系 神経系 筋骨格系	感情	〔中層〕
生理現象	行動	認知	〔下層〕

【社会環境】

図 2-2　心身相関マトリックスからの理解 1

然環境】とインターフェースを形成しているのが〔上層〕です。たとえば遺伝子は，自然の中で変化していきます。パーソナリティ（人格）も自然の影響を受けます。動因も自然の影響を受ける部分です。それから，【自然環境】と【社会環境】の間にあって，私たちの生命現象を時々刻々作り出している部分である〔中層〕は，身体のほうに臓器や器官を置き，心のほうに感情を置いています。〔情報体〕では，心や身体のホメオスタシス（恒常性）[11] を維持する仕組みである筋骨格系，自律神経系，内分泌系，免疫系といった心と身体をつなぐ部分を真ん中に置いています。

11 ホメオスタシス 大脳皮質，大脳基底核，小脳で制御される筋骨格系で，外的環境とのかかわりを調整しつつ，間脳に主たる中枢がある筋骨格系，自律神経系，内分泌系，免疫系の働きによって，体内環境を一定に保とうとする機能のこと。

6 狭義の心身医学と心身相関マトリックス

　医学においてまず最初に発展したのは，身体と心がどう関係してるのかという部分です。この身体と心の関係は，臓器の**機能的疾患**として表れます。たとえば過敏性腸症候群は，内視鏡で腸の中身を見ても潰瘍はなく，構造は崩れていません。確かに構造の病気ではないのですが，過敏性腸症候群は，腸の機能が定型的な異常を示しています。

　このように，身体疾患は**器質的疾患**と**機能的疾患**に分けられます。器質的疾患というのは構造が壊れている身体疾患のことです。身体疾患のほとんどが器質的疾患に該当します。しかし，身体疾患の中には構造に異常がなくても，機能の異常があるものもいくつかあって，それが頭痛や過敏性腸症候群などの機能性疾患です。他に，ぜんそくも重症でなければ機能的疾患と理解できるものが多いです。もう少し過敏性腸症候群を例に説明しましょう。普通，私たちの腸は順番に縮んで広がる蠕動運動[12] が規則的に起こりますが，過敏性腸症候群の方の腸には，けいれんして固まって便秘になったり，ぐちゃぐちゃっと動いて下痢になったり，といった運動異常があります。さらに知覚過敏もあり，便が少したまるだけでも不快感を感じ，トイレに行きたくなります。それは，肛門からファイバーを入れ，そのファイバーの先のバルーンを膨らませて圧をかけていき，どこまで圧がかかったら不快に感じるかを調べることによって示すことができます。

　そして，さまざまな臓器の異常と関連が深い心理的な働きは何かを調べていくと，**情動**であることがわかります。怒りのときには，ある臓器に変化が起こる。悲しみのときに，また違った臓器に変化が起こる，不安のときには，また別の臓器に変化が起こる…と，パターンが特定できます。このことを**心身相関**と言い，マトリックスで言えば〔中層〕にあたります（図2-3）。この心身相関モデルに基づいて研究したのが，初期の心身医学です。

　対して東洋医学的な立場は，**心身一如**[13] と言います。身体と心は一体であり「一体のものを別の側面から見ているにすぎない」という考えです。

12 蠕動運動 ぜんどううんどう。腸が伸びたり縮んだりを繰り返すことで，消化した食べ物を移動させ，体外へ排出する動きのこと。

13 心身一如 しんしんいちにょ。仏教で，肉体と精神は一体のもので，分けることができず，一つのものの両面であるということ。身心一如と書くこともある。

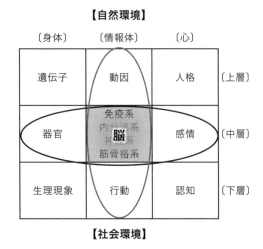

【自然環境】

	〔身体〕	〔情報体〕	〔心〕	
	遺伝子	動因	人格	〔上層〕
	器官	免疫系 内分泌系 脳 神経系 筋骨格系	感情	〔中層〕
	生理現象	行動	認知	〔下層〕

【社会環境】

図2-3　心身相関マトリックスからの理解 2（狭義の心身医学）

この考え方も，心身医学の中で非常に重要な立場です。この身体と心が一体であるというところは，マトリックスの真ん中の〔情報体〕を扱っていると考えるとわかりやすいです。どのような動因や動機づけのもとで，どういった免疫系，内分泌系，神経系，筋骨格系の働きが表れて，それがどのような行動につながっていくのか，このような研究も随分なされてきました。

　ただ現代の心身医学では脳の働きがかなりとらえられるようになったので，脳を中核に置いてとらえていくことが必要となってきました。狭い意味での心身医学は，脳を中核にした〔中層〕や〔情報体〕の働きから，人間や病気を理解して治療法を開発していく学問です。

7　広義の心身医学と心身相関マトリックス

　対して，広い意味での心身医学は少し違ってきます。広義の心身医学は全人的に人間をとらえる立場です。全人的に人間をとらえる立場は**バイオ，サイコ，ソシオ，エコロジカル**の4つ[14]です。

　図2-4で言うとバイオは左側です。サイコは右側ですね。ソシオは人間社会ですから下側，それからエコロジカルは上側です。このように広義の心身医学は，この心身マトリックスの外側の領域を扱っています。そのため，広義の心身医学には多職種の参加が求められています。実際，医療の現場で実践されているのは広義の心身医学ですね。真ん中は逆にあまり注目されなくなります。脳がどう免疫がどうではなく，身体面を扱う専門家，心理面を扱う専門家，社会的な現象を扱う専門家，それから生態学や

講義メモ

14 バイオ，サイコ，ソシオ，エコロジカル　それぞれ「生物」「心理」「社会」「生態学」が該当する。ここで述べられるエコロジカルとは，「動物としてのヒト」が生態学的にどのように振る舞うかという意味を指す。

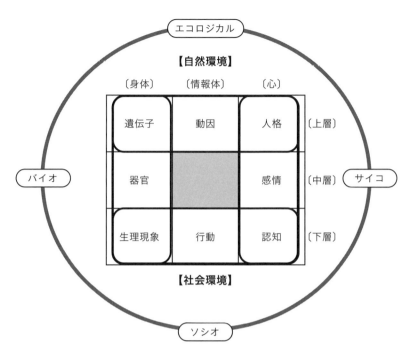

図 2-4　心身相関マトリックスからの理解 3（広義の心身医学）

生命倫理の専門家が協働しながら，生物 – 心理 – 社会 – 生態学モデルに基づいて全人的にアプローチしていくのが広義の心身医学です。

8　行動医学と心身相関マトリックス

　心身医学に対して行動医学は，まずは社会環境から人間をとらえていく立場です。社会環境とのかかわりから人間をとらえていくことは，行動科学的な人間理解の基本です。ですからマトリックスの下のところが重要になります。認知行動療法も，ここに働きかけているものが非常に多いです。**オペラント学習**[15] も環境と個体との相互作用で行動が習慣化されていくわけですから，社会環境に注目していると言えます。そして認知，行動，身体などを数量化していきます。

　行動医学が注目する領域がさらにもう一つあります。それは，動物の行動を研究していく分野です。行動が，どのような原理で生体の中で作り出され，どのように発達をして，どのように変化していくのか，どのような学習が関係してくるのかということについては，動物を使って行動の生物学的原理が研究されてきました。行動療法の特に**レスポンデント条件づけ**に関係している研究がなされています。レスポンデント条件づけはパブロフの犬の実験で示されたものです。音を聞かせて肉をあげる。それを繰

講義メモ

15 オペラント学習　生体が行動した結果として刺激を随伴させることにより，行動の生起頻度を変化させる学習形式のこと。報酬刺激（強化子）が随伴すれば生起頻度は高まり，嫌悪刺激（弱化子）が随伴すれば生起頻度は低くなる。

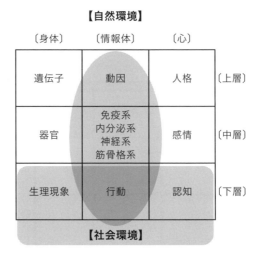

【自然環境】

	〔身体〕	〔情報体〕	〔心〕	
〔上層〕	遺伝子	動因	人格
〔中層〕	器官	免疫系 内分泌系 神経系 筋骨格系	感情
〔下層〕	生理現象	行動	認知

【社会環境】

図 2-5　心身相関マトリックスからの理解 4（行動医学・臨床心理学）

り返すと，音を聞いただけで唾液が出るようになる…といった実験で知られる学習がレスポンデント学習です。これは，〔情報体〕を縦で見て，動因から免疫，内分泌，神経，筋骨格系，そして行動というつながりを研究することによって明らかにされています。もちろんオペラント学習も動物のハトを使った研究でかなり基礎的な知見が積み上げられ，人間に応用されてきた面があります。

　よって，このマトリックスの真ん中と下の階層の 2 つを基盤にしているのが行動医学であり（図 2-5），臨床心理学が扱うべき分野と言えます。

ま と め

・行動医学とは，医療の現場に認知療法・行動療法・認知行動療法を導入していく分野のこと。
・行動医学の対象は，心身症，神経症などに対する直接的介入，慢性身体疾患の治療管理に対する援助，疾患の予知・予防など多岐にわたる。
・行動医学は，人間を，社会環境とのかかわりからとらえる立場と，行動の生物学的原理とかかわる情報体としてとらえる立場を含んでいる。

3 現代医療とセルフケア

1 現代医療を構成する3つの要素

　次は現代医療と**セルフケア**の話をしていきます。なぜセルフケアの話をするかというと，認知行動療法はセルフケアにかかわるからです。そこで，現代医療の中でセルフケアがどのような位置づけにあるのかを知っておくことは，医療の中で認知行動療法を活用するのに役立つと思います。

　現代医療を構成する3つの要素について，ハーバード大学の心身医学研究所のハーバート・ベンソン（Benson, H.）という先生が「医療は3本足のスツールでなくてはならない」ということをおっしゃいました。一つは**薬物療法**，もう一つは**外科的治療法**，そしてもう一つは何でしょうか。

　私が東大の心療内科にいた頃に，医学部の学生にポイント1とまったく同じ図を見せて「3つめ，何だと思う？」と聞いてみました。すると学生は皆「3つめは放射線治療ですよね」と言いました。放射線治療は外科的治療に含めますと言ったら，誰も答えられませんでした。

　この3つめに入るのが，**セルフケア**です。セルフケアがなければ現代医療は成り立ちません。なぜかと言うと，現代医療が扱っている患者の中心が**生活習慣病**あるいは**心身症**であり，これらは患者本人が自分をケアしていかなければならないからです。

ポイント1　**現代医療を構成する3つの要素**

「医療は3本足のスツールでなくてはならない」（Benson, H.）

薬物療法

外科的治療法

③

▶③には「セルフケアが入る」

2　近代医学の診断と治療の論理

　まずは現代医学を構成する3つの要素のうち，薬物療法と外科的治療法について見てきましょう。近代医学の診断と治療の論理は，感染症と悪性腫瘍を扱うニーズから始まりました。感染症に対する診断の論理が**細菌学**で，悪性腫瘍に対する診断の論理が**細胞病理学**です。

ポイント 2　　近代医学の診断と治療の論理

・感染症
　▶診断の論理：細菌学
　▶治療の論理：化学療法（抗菌）剤
・悪性腫瘍
　▶診断の論理：細胞病理学
　▶治療の論理：外科手術

これらは物質の論理！

　⇒薬物療法や外科手術で治るのは，主として原因が外から生体に入ったものか，生体の中に異物として存在しているものに限られる

　19世紀後半までは，生命は自然発生すると言われていました。自然発生とはつまり，生命がないところから生命が生まれるという考えだったんですね。それに対してルイ・パスツール（Pasteur, L.）は，ポイント2の図のようなスワンネックのフラスコに肉汁を入れて沸騰させて置いておくと，何日たっても腐らないことを見つけました。これは，スワンネックに細菌がくっついて中まで入ってこられないためです。こうして1861年に，生命のないところに生命は生まれないことをパスツールは明らかにし，私たちの病気も病原体が身体の中に入ってくることによって引き起こされるという理解が，ここでようやく確立されたわけです。そこから細菌学が発展して，化学療法剤，抗菌剤などの細菌を死滅させる薬物療法によって，感染症はかなり解決できました。

　また，病気というのは，細胞の異常ということが明らかになりました。全身にくまなく病気が行きわたるのではなく，どこか一部分が侵されるのです。つまり，臓器を構成している細胞がおかしくなって起こるのが身体疾患です。その代表として「がん」が解明されたわけです。ですから学問としては細胞病理学で，治療の論理としては「異常な細胞を取り除けばいいじゃないか」ということで，病原体や自己じゃない異物を外科手術で取り除くことになったわけです。

　薬物療法や外科手術で治るものは，主として原因が外から生体に入った

ものか，生体の中に異物として存在するものに限られます。これらは**物質の論理**で，生体の外から病原体が入ってくることによって壊れていく，あるいは生体の中で異物がどんどん大きくなっていくことで病気が進展していきます。そのため，異物・病原体を取り除くことで解決していくのです。

3　生活習慣病・心身症の診断と治療の論理

　現代医学を構成する 3 つの要素のうち，セルフケアの必要性について見ていきましょう。現代医療で多く扱っている生活習慣病や心身症は，原因が生体システムの中に存在しています。長年不規則な生活を続けてきた結果，だんだん動脈硬化が進んで心臓が働かなくなったとか，長年甘いものを食べ続けてきた結果，体重が増え過ぎてしまいインスリン[01]が働かなくなって糖尿病になってしまったとか，これは取り除けるものではありません。これは**内因性疾患**[02]といってもよいでしょう。そのような場合は体質，気質，ストレスなどが原因であるため，薬物療法や外科手術では取り除けません。

01 インスリン　血中を流れるブドウ糖を細胞に取り込む作用をもつホルモン。インスリンが機能しないと，血糖値が上がり，余分な糖分が尿中に漏れ出て，糖尿病が発症する。

02 内因性疾患　薬物や外傷など，身体の外部から与えられた影響による疾患を外因性疾患，遺伝や体質，生活習慣の積み重ねなど身体の内部からの影響による疾患を内因性疾患と呼ぶ。

> **ポイント3　生活習慣病・心身症の診断と治療の論理**
>
> ・生活習慣病・心身症　　これらは情報の論理！
> ▶診断の論理：気づき
> ▶治療の論理：セルフコントロール
> ⇒生活習慣病・心身症の場合は，原因が生体システムの中に存在しており，内因性疾患と言ってもよい。
> 　そのような場合は，体質，気質，ストレスなどが原因となるため，薬物や外科手術では取り除けない。
> 　**これらの疾患は，治療するというよりも管理することが必要であり，それも患者自身が行なう必要がある**

　ここで，体質，気質をあげているのはなぜかというと，身体疾患の大部分は感染症でもなく，悪性腫瘍でもありません。では何かというと，実は体質によって起こってくる病気が非常に多いのです。たとえば高血圧の方は，本態性高血圧症[03]という診断名になるかと思います。本態性高血圧症とは「本来から高血圧である」という意味で，要は原因不明ということです。つまり，体質によって影響を受けている面が非常に大きいということです。生活習慣やストレス，パーソナリティー（気質）も一部かかわっていますが，それでも圧倒的に体質がウエイトとして大きい。それが大部分の身体疾患

03 本態性高血圧症　高血圧症のうち，血圧が高くなるはっきりとした原因が特定できない場合になされる診断名。

です。そうすると，体質ですから取り除けませんよね。これらの疾患は治療するというより，自分の状態に気づいてセルフコントロールし，管理することが必要になります。それも，患者自身がセルフケアを行なっていかなければ，毎日の生活の中でコントロールはできません。ですから，自分の状態に気づいてセルフコントロールしていく**情報の論理**です。そこに心理行動面が大きくかかわる必然性があると思っていただけるとよいと思います。

4　国際障害分類の障害構造モデル

ここにもう一つかかわってくる，わかりやすい基盤の知識となるのが，**国際生活機能分類（ICF）**です。障害に関する国際的な分類として，国際疾病分類（ICD）の補助として 1980 年に発表された WHO の**国際障害分類（ICIDH）**がありました。その後，改訂された国際生活機能分類（ICF）が 2001 年に採択されました。そこでは，国際障害分類で採用されていた**障害構造モデル**から新たに**生活構造モデル**が提唱されました。

図 3-1 は障害構造モデルです。これはリハビリの領域で影響力をもちました。リハビリテーション医学が成り立つのは，この障害構造モデルが提唱されたからです。

なぜ病院の中でリハビリを実践するのでしょうか，リハビリテーションは何をやっているのでしょうか。リハビリテーションは，身体の異常そのものを治しません。障害構造モデルでは，**疾病・変調**（disease, disorder）は一番左にあります。そして，その疾病・変調によって**機能障害・形態障害**（impairment）が引き起こされます。これは，病気の直接的な結果で，どんな働きや構造の異常が起こっているかです。ここまでは通常の医学で扱ってきた部分です。その機能障害・形態障害によって**能力障害**（disability）が生じます。階段の昇り降りができない，一人でトイレに行けないといったことが起こり，本人の生活を直接阻害して ADL[04] が低下するわけです。リハビリは，この能力障害に注目しました。能力障害に介入することで，患者さんの日常生活をもっと正常化することができる

🎓 **講義メモ**

04 ADL　Activities of Daily Living。日常生活動作と訳される。日常生活を送るために最低限必要な動作のことで，移動，食事，更衣，排泄，入浴などがあげられる。

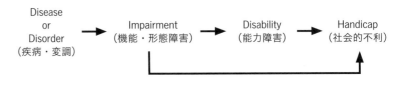

図 3-1　ICIDH の障害構造モデル

んじゃないかと考えて発展した領域がリハビリテーションなのです。ですから，リハビリテーションは，たとえば右足が使えなかったら左足でどう補うか，という発想なんですね。残っている機能を使って，失われた機能をどう補っていくかという発想です。

　そういう能力障害をもっている人が社会の中に置かれたときに，**社会的不利**（handicap）が生じるでしょう。だからそこにも等しく注意を向けなければなりません。ここで発展してきたのが，福祉という分野です。ですからこの障害構造モデルは，リハビリテーションと福祉の発展に直接役に立ったモデルなのです。

5　国際生活機能分類の生活構造モデル

　それが国際生活機能分類（ICF）として改訂され，**生活構造モデル**になりました（図3-2）。これがまた興味深いのです。これは機能障害・形態障害，能力障害，社会的不利をそのままバージョンアップしています。機能障害・形態障害のところは，**心身機能・身体構造**（Body functions & structure）という用語で置き換えられました。これは，異常だけではなく，ポジティブな面も含めています。心身機能・身体構造の中に機能障害・形態障害は含まれています。

　そして心身機能・身体構造によって，**活動**（Activity）がどのような影響を受けているのかとらえます。活動は当然，機能障害・形態障害がある場合は能力障害になります。その活動の特徴によって，社会への参加（Participation）がどう変わっているのかをとらえます。これは能力障害

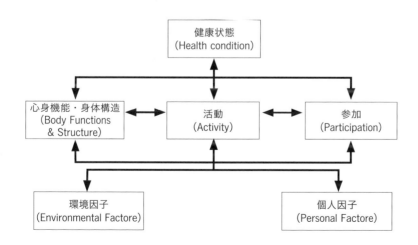

図 3-2　ICF の生活構造モデル

があれば，当然，社会的不利になります。しかしそれぞれについて，ポジティブな面も含めてとらえます。それによって健康状態を規定できるのです。図 3-2 では上部の**健康状態**（Health condition）という言葉が該当します。

　そして，図 3-2 の下側には**環境因子**と**個人因子**とあります。心身機能・身体構造，活動，参加は，それぞれに環境因子と個人因子が影響を与えますから，ここも一緒に見ていくべきであるということを生活構造モデルは提唱しているわけです。この環境因子や個人因子を見ていくには，認知行動療法がぴったりです。環境に働きかけ，個人に働きかけ，社会の参加に働きかけていく。このことは認知行動療法のお家芸ですので，このモデルを基盤にして認知行動療法を使っていくことが有用だろうとなるわけです。セルフケアの実現に認知行動療法が有用だということを，この生活構造モデルは示していると思います。

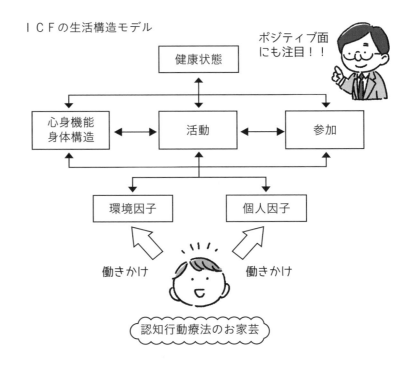

ＩＣＦの生活構造モデル

ポジティブ面にも注目！！

健康状態

心身機能
身体構造　　　　活動　　　　参加

環境因子　　　　個人因子

働きかけ　　　　働きかけ

認知行動療法のお家芸

　障害構造モデルがリハビリと福祉の発展に寄与したとすれば，この生活構造モデルは心理職あるいは心理的な支援・認知行動療法の発展にとても資するモデルということになると思います。

　ですから医療現場も随分変わってきています。昔のように身体を中心として，それで本人がコントロールできない能力障害や社会的不利に注目していたところから，「本人が自分でどうしていくのか」「環境側がどう働きかけていくのか」「どうやって社会に参加していくのか」というところが

強調されるようになり，セルフケアが以前よりもどんどん注目されるよう
になっているのです。

まとめ

・現代医療を構成する 3 つの要素は，薬物療法，外科的治療法，セルフケアで
　ある。生活習慣病や心身症は，薬物療法や外科的治療法で取り除くことが難
　しく，セルフケアが重要となる。
・セルフケアは，自分の状態に気づいてセルフコントロールしていく情報の論
　理であるため，心理行動面が大きくかかわっている。
・個人因子と環境因子の両面からとらえる生活構造モデルは，認知行動療法を
　用いたセルフケアの実現に有用である。

4 医療現場での支援への参加

 1 医療現場で支援するということ

　次に，医療現場での支援への参加について述べたいと思います。

　心理臨床の現場では，科学や論理ではなく，生身の人間同士として出会うことや寄り添うことが重要とされやすく，診断など評価を行なうことは敬遠されがちです。しかし医療現場において，診断がないのに治療を受けることはありません。十分な診察も診断もなく，手術の予定を組まれたら「え？」となるのが当然です。診断がついていないのに治療や手術，投薬などを受けることはないのです。そのため，医療現場では診断に基づいて援助することが必須です。これは心理職の立場でも，コ・メディカル[01]の立場でも当然です。

　一方で，診断は法的な意味のみならず方法論的にも医学的な行為であるため，臨床心理学的な評価を行なう心理アセスメントとは性質が異なっています。ここで**法的な意味**というのが大事なところです。法的に診断ができるのは医師だけとされています。具体的には，診断した結果を患者に伝えることができるのは医師だけです。しかし診断名にいたるには評価の過程があります。診断は「症状を評価する」「診断名にたどり着く」という評価の過程と，結果を相手に伝える過程の2段階からなっています。このうち，医師でなければならないのは，伝える過程だけです。評価の過程は誰でもやってよいですし，特に対人援助職は評価できるようにしておかなければなりません。もちろん心理職も，できるようにしておかなければなりません。

　たとえば，認知行動療法のケースカンファレンスの中で診断に関する話題が出たときに心理職に「その診断は？」と聞くと「主治医の先生の診断です」と返事があり「あなたの診断は？」と聞くと「診断はしません。できません」と返ってくることが多くあります。しかし，医者の診断を盲目的に信じてよいのでしょうか？　医者は誤診もします。だからこそ，医師の診断を真に受けず，自分でもちゃんと診断しなくてはなりません。うつ病なのか，パニック症なのか，摂食障害なのか，発達障害はないのか。このようなことを自分で診断することは，医療現場で認知行動療法を活用す

 講義メモ

01 コ・メディカル　医師以外の医療従事者をまとめた呼称。看護師，保健師，助産師，薬剤師，臨床検査技師などがあげられ，公認心理師も含まれる。

診断の2つの過程

るために必須です。これは絶対，頭に入れておいてください。

　「なんで医者しか診断できないんだ」「医者が間違っているのではないだろうか」ということはたくさんあります。ですから皆さん，自分で診断をしてください。しかし，その診断をクライエントに伝えてはなりません。伝えることには責任や義務が発生します。誤診を相手に伝えれば，医者は訴えられます。場合によっては裁判に負けて，大変な賠償金を払わなければなりません。医師は診断を伝える権利がある反面，その診断に対する責任，義務を負わなければならないのです。そういうところが医師にはありますが，コ・メディカルはその責任を負わなくてよいのです。あるいは負ってはいけないのです。このような分担であることをぜひ理解したうえで，診断について考えていただきたいと思います。

2　診断とアセスメントに関する比較研究

　医療現場で臨床心理学的な支援をするためには，診断と心理アセスメントが車の両輪になります。ここで，不安障害に対する認知行動療法に関するある比較研究を紹介したいと思います。

　行動療法は**機能分析**[02]といわれる厳密なアセスメントを一例ずつ行なったうえで介入していきます。診断とアセスメントの比較研究では，①機能分析だけでアセスメントして介入したグループと，②診断を行ない，あとはパッケージ化された治療法を使って介入したグループと，③診断をつけたうえで，機能分析でアセスメントしてから介入をしたグループでは，②の診断だけ行ないパッケージ化された認知行動療法を適用したグループ

 講義メモ

02 機能分析　問題行動の維持要因を，行動の連鎖に沿って明確化するアセスメント法。具体的には，先行条件（Antecedent），行動（Behavior），結果（Consequence）の3つについて問題行動をアセスメントし，問題行動が維持されている要因を探る。

が最も悪い結果でした。そして一番結果が良かったのは，③の診断をつけたうえで機能分析によるアセスメントを行なったグループでした。かなり丁寧にアセスメントしたにもかかわらず，①の機能分析だけのグループは，パッケージだけのグループよりはよかったものの，③の診断をつけたうえで機能分析をしたグループほどの結果ではありませんでした。

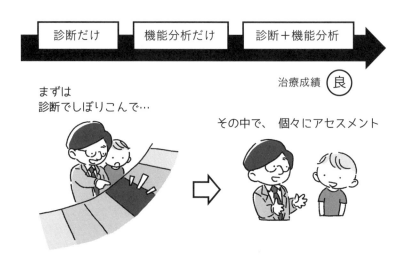

ですから，まず最初に診断で見るべき範囲を絞り込んだうえで，その中で細かくアセスメントしていくのが絶対に有利です。そのため，医者ではない対人援助職も，診断ができるようにしておくことが大事です。特に身体疾患に比べて精神疾患は診断がしにくいため，精神疾患の診断は重要になります。

3　診断と心理アセスメントの違い

診断と心理アセスメントの違いを確認しましょう。

ポイント1　診断と心理アセスメントの違い

診断	心理アセスメント
医学の概念	心理学の概念
「病気」が対象	ポジティブな面も含めて対象
身体の問題が対象	生活の問題（心理行動面）が対象
構造が対象	機能が対象
一般性を重視	個別性を重視

　診断は医学の概念であり，病気というネガティブな面を対象にしています。それに対して，心理アセスメントはポジティブな面も含めて対象にします。診断は身体の問題を対象にしていますが，心理アセスメントは生活の問題や心理行動面の問題を対象にしています。診断は構造を対象にしていますが，心理アセスメントは機能を対象にしています。また，診断は一般性を重視していますが，心理アセスメントは個別性を重視しています。

　診断はカテゴリー分けです。どのカテゴリーに入るかを検討するのが診断ですので，個別性が重視されません。そのため，それだけで心理支援がうまくできるわけがないのです。しかし先ほどお伝えしたように，診断でカテゴリー分けしておいて，その後に個別的に検討するほうが，ずっと効率がよいですし見落としは少ないです。ですから，診断とアセスメントは両方必要です。

4　臨床心理学における異常の判断

　以下は本シリーズ監修者の下山先生が述べられた「臨床心理学における異常の判断」という内容です。

ポイント2　　**臨床心理学における異常の判断**

・適応的基準：適応 – 不適応
　▶所属する社会での生活が円滑にできない場合
・価値的（理念的）基準：規範 – 逸脱
　▶判断のための理念体型に基づく規範から逸脱した場合
・統計的（標準的）基準：平均 – 偏り（心理テスト）
　▶集団の中で平均からの偏奇の度合いが強い場合
・病理的基準：健康 – 疾病（DSM 診断）
　▶精神病理学に基づく医学的判断で疾病と診断された場合

（下山，2009，p.69）

　下山（2009）では，異常の判断基準はいくつもあるとする中で，特に中心になるものが4つあると述べられています。

　一つは**適応的基準**です。所属する社会の中で適応できているかどうかです。これは臨床心理学的な立場や，認知行動療法の立場に非常にフィットします。所属する社会や環境の中で，生活が円滑に営まれているかどうかを判断します。円滑に営まれてない場合は，異常と考えて支援しましょうということです。

　それからもう一つ，臨床心理学でよく使う立場が**統計的基準**です。心理検査や知能検査などを使って，標準的な集団の平均からどれぐらい偏っているかを判断します。偏りが大きい場合を異常とみなして，支援の対象にしましょうということです。特に知能検査は，強くこの立場をとっています。また，医学もこの立場です。たとえば多くの血液検査はこの基準で判断します。

　次に**病理的基準**です。これは医学の立場ですね。精神病理学という医学の一分野に基づく医学的判断で，病気と診断された場合を異常としましょうという判断です。これは健康と疾病という軸で異常を判断するものになっており，一番よく使われる診断基準はアメリカ精神医学会の**DSM**という診断基準です。2022 年現在は第 5 版である DSM-5 が使われています。医療現場で認知行動療法を適用していく場合は，DSM-5 は必須です。診断基準を覚える必要はありませんが，ポケットサイズの診断基準集がありますので，それは必ず手元に置いて，自分の目の前にいる人が，どの診断基準にあてはまるかを評価していかなければなりません。なお，病気そのものの勉強がしたい場合は，DSM のテキストになっているもっと大きな本があります。日本語訳が出ており 2 万円です。高いですが，損はないです。この本を 1 冊もっていると，精神疾患の標準的な知識を網羅できます。これはすごいことです。たとえば一度うつ病になった人の何パーセントが再発するかご存じでしょうか。なかなか答えられないと思います。私が医者になった頃は，そのような知識が得られるまでに，10 年ぐらいの臨床経験が必要でした。しかし DSM のテキストには 2 〜 3 行くらいで書いてあります。1 回うつ病を経験した人は，6 割が再発します。2 回経験した人は 7 割が再発する。3 回以上経験した人は 9 割が再発すると，さらっと書いてあります。

２種類のＤＳＭ-５

861P
20,000 円 (+ 税)

詳細な情報，常備用
職場に 1 冊ほしい

377P
4,500 円 (+ 税)

ポケット版，手元用
診断基準のまとめ

ですから，DSM-5 のテキストには，大学教授も知らないことがたくさん書いてあります。世界中の人がチェックした結果ですから，このテキストに書いてあることのほうが，大学教授が言っていることよりも正しい可能性があります。そのようなテキストが使える時代だということをぜひ理解していただいて，診療所に 1 冊，大学の研究室に 1 冊などのかたちで，ぜひ常備するとよいと思います。

4 つめは，**価値的基準**です。誰でも「これはよくて，これはよくない」という個人の価値的基準をもっています。たとえば，親は学校に行かなければ駄目だと思っており，子どもは学校に行くと自分のやりたいことができなくて嫌だと思っているとします。そこで治療者が「学校に行かないと駄目でしょ？」と治療者の価値的基準を一方的に押しつけてしまうと，子どもと話ができなくなってしまいます。ですから治療者は，自分自身の価値的基準がどのようなものかを自覚していなければなりません。

5 心理アセスメントと介入

アセスメントしたうえで介入するとは，どのようなことでしょうか。

図 4-1 のように，とりあえず心理テストを行なって，得意な治療法を実施することでしょうか。たとえば BDI-II[03] を用いれば，うつの程度がわかります。うつ病だから認知療法を行なうべきなので，BDI-II の結果に基づいて認知療法をやります。アセスメントと介入は，これでよいのでしょうか？　残念ながら，そんなに単純ではありません。もっとやらなければならないことがあります。それは，**ケース・フォーミュレーション[04]**です。

講義メモ

03 BDI-II　ベック抑うつ評価尺度。詳細は，PART 2 「2 認知行動療法を基礎とした支援の 6 ステップ」講義メモ **06** (p.79) を参照。

04 ケース・フォーミュレーション　ケース・フォーミュレーションについては，PART 1 「2 認知行動療法の基本を確認する」を参照。

図 4-1　心理アセスメントと介入とは？

6 ケース・フォーミュレーションと介入プロセス

ケースの介入に必要なアセスメントのプロセスをケース・フォーミュレーションと言います。まずは**病歴**を聞かなければなりません。病歴を聞

いたら，**問題リスト**を作らなければなりません。ただし，問題をある程度聞いた段階で問題は何かを決めつけてしまい，後になって本当は別のことで困っていた，ということになったら大変です。そこで，話を聞いた中で問題と思われる内容は，全部網羅的にリストアップすることがとても重要です。5個になっても10個になってもいいですから，短い言葉で書いていきます。この一つひとつが，認知行動療法におけるターゲット行動の候補になります。このとき「かたまり」で問題リストを作っていくことがコツです。問題は細かく見ればいくらでも細かくできますし，大まかにすればいくらでも大まかになります。たとえば同じうつ病でもどんな問題があるのかは人によって違うので，行動面の問題，認知面の問題，身体面の問題，環境面の問題といったように分けるとよいです。あまり細かくなりすぎるとリスト化する意味がありません。認知行動療法を行なうためにアセスメントをしているわけですから，認知行動療法の介入対象になるぐらいの「かたまり」で問題リストを作っていくのがよいでしょう。

　たとえば，6つの問題リストになったとします。これらがすべて認知行動療法の介入対象になったとしても，全部は扱いません。その中でどれか1つを選んで介入を進めていきます。どれを選ぶかは，クライエントと相談して決めます。選んだ問題が解決したら別の問題も扱うか，もう1回相談をしますが「そこはいいです」と言われることも多いです。すると「今回の治療は，ここまでで終わりにしましょう」となります。他の問題はまだ残っているけれども，一番大きな何とかしたかった問題が片付いたから，よしとします。

　問題リストができたら，DSMで**診断**を確定します。診断が確定できたら外部データが活用できます。これまで，うつ病に対して認知行動療法がどのような効果をあげてきたのか，薬物療法がどのように使われてきたか，再発がどれぐらいなのか。このような外部データが，とても大事です。

　次に認知行動療法の中でも，行動療法的な立場であれば，機能分析でアセスメントを，認知療法的な立場であれば，**認知的概念化**[05]でアセスメントを行ないます。

　そして，**治療目標**を決めます。治療をどこまで一緒にやるかを決めていくのですが，すべてが解決するまで一緒にやることはありません。たとえば，体操が苦手だから体操教室に行ったとして，体操の先生とオリンピクレベルまでトレーニングを続けることはありませんよね。ある程度練習をして，あとは自分一人で上達していけるという感覚がもてたところで終わるのではないでしょうか。同様に認知行動療法も「毎日をこのように暮らして，このような練習をしていけば，自分の生活はだんだん改善していくんだな」ということが見えたら終わりです。症状がゼロになったらなったでもちろんよいですが，そこまで求めなくてもよいのです。

講義メモ

05 認知的概念化（認知モデル） 認知を出来事（Activating event），思い込み（Belief），結果（Consequence）の3つでとらえる。認知モデルも機能分析もABCでとらえているが，認知モデルと機能分析のABCは内容が異なる点に注意。

次に介入プロセスを見ていきます。まずは**説明と同意**[06]です。「あなたの問題に対して，このような治療法がありますが，いかがですか」と説明していきます。説明と同意のポイントは，選択肢を複数あげることです。たとえば認知行動療法の中で「リラクセーションをやりますか，それともエクスポージャーをやりますか」といった選択肢をあげます。そしてどの問題を扱うかを決めて，同意を得ます。

そして**治療契約**です。セラピストとクライエントのそれぞれの役割を確認して，一緒に協力して進めていくことを確認します。治療契約が成立してはじめて，スムーズかつポジティブな**治療関係**がもてることになります。

治療場面で「ラポールをつける」という言葉を聞くことがありますが，これには注意が必要です。シールのように簡単に「ラポールをつける」ことはできません。ではどのようにつけるのでしょうか。ラポールをつけるためには，何をしなければならないのかというステップの理解が必要です。まず，ラポールをつけるためにはケース・フォーミュレーションが必要です。十分なアセスメントによって問題を理解していなければ，信頼を築くことはできません。また，説明と同意や，治療契約も必要です。そこまでのステップを経て，はじめてラポールがつくと理解してください。

そして，そのステップまで進んでやっと「どの技法を使うか」という**技法の運用**の話題が出てきます。ですから，技法が出てくるのは「後の後の後の後」です。本講義で「医療現場ではどんな技法が扱われるんだろうか」「どんな工夫があるんだろうか」ということを聞きたいと思われたとしたら，それは「後の後の後の後」が聞きたかったということになりますので，それはまた別の講義で，ぜひ学んでいただければと思います。

なおここまでのステップを経てもうまくいかないことが出てきます。うまくいかないときは，**再アセスメント**するためにケース・フォーミュレーションに戻ります。図4-2の左側はケース・フォーミュレーション，右

講義メモ

06 説明と同意　インフォームド・コンセントということも。ケース・フォーミュレーションの結果と，それに基づいた治療法の選択肢を説明する。それぞれが理解できたことを確認し，治療を一緒に進めていくとしたらお互いにどんな役割を果たすことになるかも説明したうえで，同意を得るプロセスのこと。

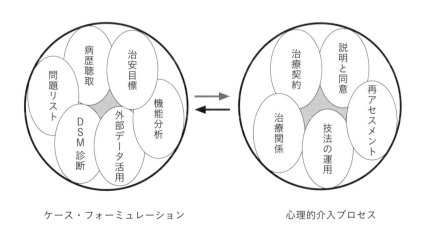

ケース・フォーミュレーション　　　　　心理的介入プロセス

図4-2　ケース・フォーミュレーションと介入プロセス

側は心理的介入プロセスです。この2つを行ったり来たりしながら治療が進んでいくことになります。

７　補足：病歴聴取について

　ケース・フォーミュレーションの構成要素における**病歴聴取**についてだけ，もう少し触れておきたいと思います。病歴聴取はまず「今日は何に困って来られたんですか？」と**主訴**や**受診動機**を確認することがとても重要です。たとえば「電車に乗れず，困っています」という人でも，それが主訴とは限りません。別に困っていることがある可能性もあります。ですから「今日は何に困って来られたんですか？」「何を期待して来られたんですか？」「どういうことがしたい，してほしいと思って来られたんですか？」ということを必ず聞きます。ただここで，たとえば「症状が10年続いてるのに，なぜ今頃来たのだろう」ということや「言っていることのピントがずれている気がする」ときなど，なかなか納得できないことがあります。そのようなときは，時間をとって腑に落ちるまで聞きます。このことがとても大事です。

　結局，腑に落ちるところまで聞かないと，ラポールがつかなくなります。クライエントとすれ違いやボタンのかけ違いを起こさずに，協力できるかどうかの鍵を握るのは，一番最初の段階です。「何に困って来たのか」「何を期待して来たのか」「どのようなことができると思って来たのか」「カウンセリングに対して，どのようなイメージをもっているのか」「認知行動療法をどのようなものと思っているのか」そういうことを，丁寧に聞きます。誤解があればそこで修正しなければ，ラポールはつかないでしょう。

まとめ

・クライエントの理解にあたっては，最初に見るべき範囲を診断で絞り込んだうえで，その中で細かくアセスメントしていくことが望ましい。
・ケース・フォーミュレーションと心理的介入プロセスを行き来しながら治療（支援）は進められていく。

5 専門分化と権限の委譲

1 専門分化と権限の委譲による医療の発展

　最後に**専門分化**と**権限の委譲**について述べます。医療現場で心理職が必要とされるのはなぜかを見ていきましょう。

> **ポイント1**　専門分化と権限の委譲による医療の発展
>
> ・大昔の医療現場にいたのは，何でも屋の医者のみ
> 　　　　　⇩
> ・内科医と外科医，看護師に分化
> 　　　　　⇩
> ・医師や看護師の中での専門分化の進展
> 　▶整形外科，耳鼻科，眼科，皮膚科，脳外科…
> 　▶理学療法士，作業療法士などコ・メディカルの誕生
> 　　　　　⇩
> ・中央部門の形成
> 　▶薬剤部，放射線部，検査部，リハビリテーション部，栄養管理室…
> 　▶薬剤師，レントゲン技師，検査技師，理学療法士，管理栄養士…
>
> ⇒ 心理職は，どのような仕事内容の委譲を受けるのか？
> 　▶「その仕事を私に任せてくだされば，必ずや力になれます」

　大昔の医療現場にいたのは，何でも屋の医者だけでした。医者が1人いれば医療は成り立っていたわけです。しかし時代とともに，医者1人ではすべてをまかなえないため，内科医と外科医，手術をする人と薬を出す人，医師を手伝う看護師などに分化しました。さらに医師や看護師の中で何を専門にするかで，外科であれば整形外科，耳鼻科，眼科，皮膚科，脳外科などに分化し，進展していきました。さらに，それぞれの専門的な治療を手伝うコ・メディカルが誕生していきました。たとえば整形外科であればリハビリを手伝う専門職の理学療法士や作業療法士が誕生していきます。

　さらに，大きな病院では**中央部門**が形成されていきました。昔，麻酔は

外科医がかけており，検査は内科医が行なっていました。しかし患者の人数が増えて病院が大きくなると，とてもそれでは成り立たなくなり，中央部門が形成されるようになりました。昔は医者が撮っていたレントゲンやCTも，放射線部ができ，専門に撮影を行なうようになりました。同様に，薬剤部や栄養管理部，検査部，リハビリテーション部などができ，中央部門が形成されていきました。そしてそこにも，それぞれの専門家が配置されるようになったわけです。

このように，医師だけでは仕事ができないので，もともとすべて医師がもっていた権限を譲り渡していくことを**権限の委譲**と言います。協力体制を組んで一緒に治療していく仲間として権限を委譲していくことで医療は発展してきました。

では，心理職はどのような仕事内容の委譲を受けるのでしょうか。ここが一番重要です。これは誰が考えるのでしょうか。それは，心理職が考えなければなりません。「その仕事を私に任せてくだされば，必ずや力になれます」と言えることが，委譲を受けるときのポイントです。「それできるんだ。それじゃ，ぜひやってくれないかな」となると大成功です。

そのためには，実際に実績を示していかなければなりません。実際に仕事をしてみて，医療現場から「助かった」という声が上がってくれば，あとはどんどん仕事が降ってくるようになります。このことは医療現場の特徴と言えます。医療現場は忙しいので「他の人に邪魔をされたくない」「でも手伝ってくれる人がいたら，いくらでもやってもらいたい」というところです。役に立つと思われたら，あれもこれも仕事が降ってきます。ですから「先生，それはできません」「こっちだったらできます」と，適切に仕分けをしていくことが必要になります。そのようなやりとりをとおして，どういう委譲を受けられるのかを示していくことがとても大事なのです。

［2］ 認知行動療法の担い手が求められている

医療現場では，認知行動療法の担い手が求められています。

多職種協働のチーム医療において担うべき心理職の適切な役割を考えると，今回の講義で扱った**心身相関モデル**，あるいは**生物－心理－社会－生態学モデル**，あるいはWHOの国際生活機能分類の**生活構造モデル**などで，自らの立ち位置を自覚して，日々の活動の中に具現化していくことが必要です。もっと具体的に言えば，本講義でお伝えしたケース・フォーミュレーションに基づいた心理的介入プロセスを実行できることが必要です。そして心理的介入プロセスとして，認知行動療法はなくてはならない治療です。

診断という共通言語が使えることは，医療現場で働くうえで非常に重要

です。また医療現場は，客観的に説明可能でエビデンスに基づいた査定法や介入法を使うことが大前提です。データがないものは使わない。医療はそういう方向に進んでいます。近年，医療の現場もどんどん厳しくなっていて「この治療施設で手術をするのと，あの治療施設で手術をするのと，どちらが患者さんにとって得なのか」「どれぐらい病院が混んでるのか，どれぐらい待たなければならないのか」ということも情報開示が求められています。そのような流れの中で検査も治療も進んでいるので，心理的な治療法も，客観的に説明可能でエビデンスに基づいたものが求められているのです。そうなればまず認知行動療法でしょう。

　また**インフォームド・コンセント**や**治療契約**は，もともと医療保健現場で実践されてきた慣習です。そういったものに沿った手順を踏めることも，非常に重要なポイントです。

　認知行動療法は医者や看護師でもできるのでは？　という疑問があります。たとえば，うつ病の認知行動療法は医師や看護師でなければ保険点数が取れません。心理専門職はまだそこまでの権利がありません[01]。

　では，医師や看護師で十分なのでしょうか。全然，十分ではないのです。医療経済学[02]的に，医者が1例に50分もかけて治療をやってはいられません。そんなことをしていたら病院や診療所がつぶれます。ですから，手分けをしてチーム医療の中で認知行動療法を担う人が絶対必要なのです。ですから，心理を専門に勉強している人たちや心理学の周辺領域の人たちに，ぜひこの認知行動療法を医療現場で実践できるようになってほしいと思います。

講義メモ

01 心理専門職と保険点数　うつ病や強迫症に関する認知行動療法は，2022年現在，医師や看護師でなければ保険点数が認められていない。今後，公認心理師による認知行動療法においても，保険点数が認められることが期待される。

02 医療経済学　医療制度を扱う経済学の応用分野。医療保険や医薬品など，医療に関するさまざまなことを，経済学の観点から分析する。

> **ポイント2**　**認知行動療法の担い手が求められている**
>
> 多職種協働のチーム医療において心理職が担う適切な役割とは？
>
> ・心身相関モデル，生物−心理−社会モデル，WHOの生活構造モデルなどの中で，自らの立ち位置を自覚し，日々の生活の中に具現化していくこと
> ・ケース・フォーミュレーションに基づいた心理的介入プロセスを実行できること
> 　▶診断という共通言語が使える
> 　▶客観的に説明可能でエビデンスに基づいた査定法や介入法（＝認知行動療法）を用いることができる
> 　▶インフォームド・コンセントや治療契約などの医療・保健現場の慣習に沿った手順を踏める

　以上で，本講義を終わります。ありがとうございました。

確 認 問 題
TEST 1

以下の文章について，正しい文章には○，正しいとは言えない文章には×をつけなさい。

(1) 認知行動療法的なアプローチによって，心理行動面を系統的に変化させることで，脳の変化が起こることが確認されている。　　　　　　　　（　　　　　）

(2) 精神医学を用いた治療にも，身体医学的な治療法が用いられている。
　　　　　　　　　　　　　　　　　　　　　　　　　　　　（　　　　　）

(3) 過去も現在も，認知行動療法で用いられているアプローチには大差がない。
　　　　　　　　　　　　　　　　　　　　　　　　　　　　（　　　　　）

(4) 大学院生でも十分なスーパービジョンのもと認知行動療法を実施することで，一定の効果を収めることが可能である。　　　　　　　　（　　　　　）

(5) 行動医学とは，臨床心理学的な視点を取り入れた身体医学の一分野である。
　　　　　　　　　　　　　　　　　　　　　　　　　　　　（　　　　　）

(6) 精神病と精神疾患は同義である。　　　　　　　　（　　　　　）

(7) 構造が壊れていたり，構造がダメージを直接受けている身体疾患を機能的疾患と呼ぶ。　　　　　　　　　　　　　　　　　　　　　（　　　　　）

(8) 現代医療を構成する 3 つの要素とは，薬物治療，外科的治療法，放射性治療の 3 つである。　　　　　　　　　　　　　　　　　（　　　　　）

(9) 診断したうえでアセスメントを行なうことは，治療効果を高めることにつながる。
　　　　　　　　　　　　　　　　　　　　　　　　　　　　（　　　　　）

(10) 介入プロセスにおける説明と同意を得る際は，クライエントの負担を減らすために，できるだけ介入の選択肢を 1 つに絞り込んでから情報提供するべきである。
　　　　　　　　　　　　　　　　　　　　　　　　　　　　（　　　　　）

確 認 問 題
TEST 2

以下の問いに答えなさい。

(1) 行動医学における人間理解の 3 つの方向性について，以下の表の①～⑥にあてはまる名称を，語群から選んで答えなさい。

方向性	理解の側面	主な学問
自然科学的・（ ① ）的	「構造」面からの理解	生物学，（ ② ）
（ ③ ）的・比喩的	「内省」面からの理解	文学，（ ④ ）， 精神分析学
行動科学的・（ ⑤ ）的	「機能」面からの理解	（ ⑥ ），データ解析法

【語群】　哲学　　行動心理学　　身体医学　　現実　　象徴　　情報　　精神
　　　　　物質　　妄想

(2) 以下の表の①～⑥にあてはまる技法名を，語群から選んで答えなさい。

①	苦手な場面に出て行くことで，大丈夫であることを体験的に学習する方法
②	できなくなってることを段階的に実行し，だんだんできるようにしていく方法
③	考え方の幅を広げ，自動思考以外の考え方ができるようになるための方法
④	一定の手順に従って公式を唱えながら段階的に心身を弛緩させる方法
⑤	6 つの基本原則に基づき，心理的柔軟性の獲得を目指す方法
⑥	自分で意識して周囲の環境に注意を動かせるようになる訓練を行なう方法

【語群】　自律訓練法　　段階的タスク割り当て　　認知再構成法　　メタ認知療法
　　　　　ソーシャルスキルトレーニング　　EMDR　　ACT　　注意訓練
　　　　　エクスポージャー

確　認　問　題
TEST 3

以下の心身相関マトリックスの表の①～⑨にあてはまる名称を，語群から選んで答えなさい。

【自然環境】

〔身体〕	〔情報体〕	〔心〕	
①	②	③	〔上層〕
④	免疫系 内分泌系 神経系 筋骨格系	⑤	〔中層〕
⑥	⑦	⑧	〔下層〕

【社会環境】

【語群】　器官　　認知　　生理現象　　動因　　遺伝子　　行動　　感情　　人格

TEST 4

以下の問いに答えなさい。

(1) 行動医学では，人間をどう理解するのか説明しなさい。

(2) 近代医学の治療の論理について，物質の論理と情報の論理に分けて説明しなさい。

(3) 国際生活機能分類（ICF）と認知行動療法の関連について説明しなさい。

(4)「心理職は診断をしない」この言葉は，正しい側面もあるし，正しいとは言えない側面もある。それぞれの側面について説明しなさい。

(5) 医療現場で認知行動療法の担い手が求められているのはなぜか，説明しなさい。

解答例

TEST 1

(1)　○

(2)　○

(3)　×　近年は ACT が積極的に活用されるなど，用いられているアプローチは過去と現在で必ずしも同じではない。

(4)　○

(5)　×　行動医学は，学際的な分野であり，認知療法・行動療法・認知行動療法的なものを医療現場に導入していく臨床心理学の一分野がその柱になっている。

(6)　×　精神疾患は心理的障害全般のことを指すが，精神病は心理的障害の中でも幻覚や妄想症状を呈している病態を指す。

(7)　×　身体の構造に異常が無くても，機能の異常がいくつかある場合を機能的疾患と呼ぶ。

(8)　×　放射性治療ではなく，セルフケアが該当する。

(9)　○

(10)　×　絞り込んだ 1 つの選択肢を提供するより，選択肢を複数あげるほうが望ましい。

TEST 2

(1)　①物質，②身体医学，③象徴，④哲学，⑤情報，⑥行動心理学

(2)　①エクスポージャー，②段階的タスク割り当て，③認知再構成法，④自律訓練法，⑤ ACT，⑥注意訓練

TEST 3

①遺伝子

②動因

③人格

④器官

⑤感情

⑥生理現象

⑦行動

⑧認知

TEST 4

(1)　行動医学による人間理解について，3 つの方向性をあげる。

　　一つは，人間を物質とみなし，構造面から理解する方向性である。ここを扱っているのは生物学であり身体医学，精神医学となる。つまり医学とは，自然科学的・物質的に人間をとらえている学問と考えられる。

　　次に，人間を理解する方法として，内省面から理解する方向性である。たとえば文学や哲学，精神分析学が，このような方向性で人間を理解しようとしている。ただ内省面からの理解が科学になることは，なかなか難しい。

　　そこで出てきたのが，第 3 の立場で行動科学的・情報的に人間を理解する方向性である。これは，人間がどのような働きを果たしているのかに注目する。確率論的に，どのような状況でどのような機能が発揮されやすいのかという理解がなされる。このように機能面からの理解は，状況や環境を含めて考えることになる。

　　行動医学では上記の 3 つの方向性で人間を理解しようとしている。

(2)　薬物療法や外科手術で治るものは，主として原因が外から生体に入ったものか，生体の中に異物として存在するものに限られる。生体の外から病原体が入ってくることによって壊れたり，異物がどんどん大きくなったりするため，異物・病原体を取り除くことで解決していく。これは物質の論理に基づく治療と言える。

　　しかし，生活習慣病や心身症の場合は，体質・気質・ストレスなどが原因となるため，薬物療法や外科手術で取り除くことはできない。そこで，自分の状態に気づいてセルフコントロールし，管理することが必要になる。これは，情報の論理に基づく治療と言える。

(3)　国際生活機能分類 (ICF) は，心身機能・身体構造，活動，参加という 3 つの要素から健康状態をとらえる。心身機能・身体構造とは，心身の異常だけではなく，ポジティブな面も含めた理解である。そして心身機能・身体構造によって，活動がどのような影響を受けているのか，活動の特徴によって社会への参加がどう変わっているのかをとらえる。

　　そして ICF では，心身機能・身体構造，活動，参加のそれぞれについて，環境因子と個人因子が影響を与えることを想定している。認知行動療法は，

環境と個人の双方に働きかけることを基本としているため，このモデルを基盤にして認知行動療法を使っていくことが有用と考えられる。

(4)　診断は，「症状を評価する過程」と，「結果を伝える過程」の2段階からなる。診断した結果を患者に伝えることができるのは医師だけであるため，「伝える過程」という意味において，心理職は診断することができない。つまり「心理職は診断をしない」という言葉は，「伝える過程」においては正しい。

しかし診断名にいたる「評価の過程」は医師に限定されない。そのため，心理職は医師の診断を盲目的に信じるのではなく，自分で「症状を評価する」という意味での診断をしなければならない。つまり「心理職は診断をしない」という言葉は，「評価する過程」においては正しいとは言えない。

(5)　医療現場は，客観的に説明可能でエビデンスに基づいた査定法や介入法を使うことが大前提であり，データがないものは使わないという方向に進んでいる。そのような流れの中で心理的な治療法も客観的に説明可能でエビデンスに基づいたものが求められている。医師や看護師が行なう一部の認知行動療法は保険点数が算定されており，これはエビデンスが認められた一つの証と考えられる。

しかし，認知行動療法の担い手は医師や看護師だけで十分ではない。医師が1例に多くの時間をかけて認知行動療法を実施することは難しい。そこで，認知行動療法を医療現場で実践できる心理専門職の存在が期待されている。

PART 4

認知行動療法の実践的理解と
介入の工夫

ケース・フォーミュレーション
をキーワードとして，「いつの
間にか導入・展開が進み，気が
ついたら生活が楽になっていた」
を可能にする，柔軟な認知行動
療法の進め方を解説します。

講　義

神村栄一
新潟大学人文社会科学系　教授

0 はじめに： 講義の概略

1. ケース・フォーミュレーションと見立て

新潟大学の神村です。よろしくお願いします。この講義では3つの架空事例をとおして，認知行動療法の支援が，より効果的で安定して進むようになる**ケース・フォーミュレーション[01]**について学びます。

人は「経験から獲得するところが大きい」生き物です。「望ましい行動も望ましくない行動も」学び取るようにできています。「まったく平気だったのにたった一度のある経験から徹底して何かを避けるようになる」こともあれば，「あれだけ怖がっていたことなのに気がついたらまったく平気になっていた」などのエピソードには事欠きませんね。

認知行動療法は，「望ましさ」といった価値とは無関係な，「変容」に関する行動科学に基づいた心理療法です。魔法でもなければ最先端の科学でもありません。ですから，当事者の方とセラピストが力を合わせて，必要な情報を集めて整理し分析する，その分析結果から何らかの仮説を導き，そこか

らいくつかの課題を考案し，当事者とその身近な支援者（ここには家族や学校の先生や施設のスタッフなどが含まれます）に，一つずつ取り組んでいただく。このような，仮説検証的な成り立ちになっています。そして，「気がついたら以前より随分と楽になった」と実感してもらえたならば，その先はできるだけ当事者のセルフケア（セルフコントロール）として維持展開してもらう。そんな，支援の成功確率を高めるための「定石集」が認知行動療法ですね。

ケース・フォーミュレーションと同じように用いられる言葉に，「**見立て**」があります。ケース・フォーミュレーションという表現には，「なぜこの人はこういう症状や困難を抱えるにいたったのか」だけでなく，「今後この人にどのような経験をもっていただければ，この症状はより軽くなり困難は小さくなるだろうか」というところまでをセットとする意味合いがあるように思います。少なくとも認知行動療法におけるケース・フォーミュレーションでは，解決に向けた見通し，ということが含まれなければいけません。

わが国の臨床心理学は，どちらかと言えば，症状や困難をもたらす目に見えない何かを何か具体的なものに「映し取り」，そこに，合理的な検証が難しいけどもっともらしい説明をつけて何とか納得につなげることに関心が向きがちでした。一方で「変化のためにどのようなプロセス，つまりどのような経験が有効か」「その経験のためにはいかなる課題に取り組むのがよいか」とい

 講義メモ　　　　　　　　　　　　　　　　　　　　　　宮川 純（河合塾 KALS 講師）

01 ケース・フォーミュレーション　症状や困難を発現・維持させている，悪循環に関する仮説であり介入における指針となるもののこと。詳細は PART 1 を参照。

う，未来志向，解決志向な見通しをもつ姿勢が，少し弱かったと言えます。認知行動療法におけるケース・フォーミュレーションでは，改善への道筋を具体的に指し示すことが求められます。

2. 本講義のねらいと内容

ケース・フォーミュレーションを，地図にたとえてみます。イラストを見てください。

実際の町並み，山や川などの地形がありそれを写し取ったものが地図です。知らない場所でも地図さえあれば誰でも迷わず目的地に到着できるわけではありません。カーナビでもスマホの地図でも，細部にこだわりすぎてはかえって迷います。まずおおよその方向，おおよそのルートをしっかりイメージし，そこまでの旅程，ルート上にあるポイントを確認しておいたほうが確実にたどり着けます。地図にはない当日のトラブル，工事や事故，天候などで迂回が必要となることもありますし，こちらの事情に応じて調整する必要も出てきます。

ケース・フォーミュレーションとは，支援するセラピストにとっての旅の段取り表，つまりおおまかな手続きを整理したものであり，進むべきルートのだいたいのイメージです。実際のケースでは，予想もしなかった障壁や停滞に出くわすこともあれば，背中を押してくれる何かとの出会い，地図になかった安全な抜け道の発見もあります。そういったエピソードに柔軟に対応できるようにするためにも，頭の中におおまかなルート，方位をしっかり置いておくことが重要となります。

本講義は事例をとおして，ケース・フォーミュレーションと介入プロセスについて解説していきます。ただし，今回取り上げる事例はすべて架空事例であることをあらかじめお断りしておきます。

また，本講義の内容は次のとおりです。

1．ケース・フォーミュレーションとは
2．ケース・フォーミュレーションの事例1：適応障害
3．ケース・フォーミュレーションの事例2：強迫症
4．ケース・フォーミュレーションの事例3：ギャンブル障害

実際の地形

ルートや
行程の
イメージ

1 ケース・フォーミュレーションとは

1 現在の状況をリアルに思い描くために

　事例での検討の前に，事例とその事例の状況を，セラピストとしてよりリアルに思い描くために必要となることについて簡単に確認しておきましょう。

　心のトラブル，症状や困難の大半には，基盤となる**気質**[01]，素因のようなものがあります。そのうえで，生まれてからの育った**環境**，いわゆる養育環境も影響します。それらがベースとなってさらに，小学校や中学校，高校，その先の就学や就労，その他のネットワークにおいて，さまざまな刺激を受け心の働きの傾向が作られていきます。

　そこで獲得された望ましくない心の働きを説明する最もシンプルな概念に，**条件づけ**[02]があります。ある刺激や状況を好み接近しようとする（高い頻度で接したがる），あるいは嫌悪を覚えてできるだけ遠ざけようとするようになる現象を説明するものです。「避ける」という場合，直面するのを避けるだけでなく，直面する展開になる可能性をできるだけ小さくするためにさまざまな努力（回避）をしようとします。冷静に私たちの日々

講義メモ

01 気質　生まれた頃から泣きやすい子もいれば，おとなしい子もいる。心理学においては，上記のような性格やパーソナリティの生得的な側面を指して気質と呼ぶことが多い。

02 条件づけ　レスポンデント条件づけとオペラント条件づけの2つが存在する。ここでは主に前者を想定して解説している。

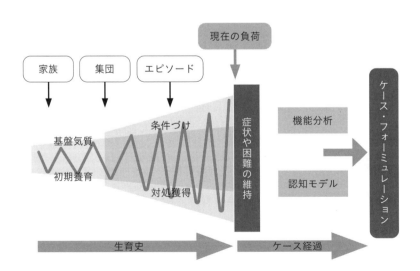

図1-1　現在の状況をリアルに思い描くために

の生活を振り返れば，快への接近に動機づけられた行動よりも，自らの生存や安心安全を脅かすものからの回避に動機づけられているものが多いことがわかります。失わないため，悪化させないため，怯えの対象から距離をとるための行動のほうが多いのです。それは生物として当然です。ただ，あまりにも「回避に動機づけられた⁰³活動」ばかりで満たされては，生活の質は高まらない。精神的な症状や困難の多くは，そのような「回避に動機づけられた活動」とみなすこともできます。だから，より健康的に生きることは，「必要ない回避を動機づける衝動を楽に（コストをかけずに）受け流せるようになり，「快（価値をおいているもの）をより享受しやすくする工夫を維持すること」と言えます。このような，よりよく生きていくうえでの工夫は**対処**とよばれます。健康の獲得と維持とは，より効果的な対処を獲得し発展していくことでもあります。

　たとえば，じっとしているのが苦手，という気質があるとします。そのような気質のせいで養育環境の中でしばしば痛い目にあうような場合もあれば，そうでもない場合もあります。それぞれの場合において，人は効果的な行動や，他者とのかかわり方を身につけていきます。それは，表情や態度，周囲の誰かを騙す，怯えさせ困惑させるようなものかもしれませんし，親しい関係を短期間で構築するようなものかもしれません。このように，心，つまり行動の症状とは，素因と条件づけ，獲得された対処のパターンからできあがります。

　人間は自らが経験したことを次々概念化していく（理屈にしていく）生き物です。したがって，その人らしさは，出来事やものや人の受け止め方と絡み合い，その結果，その人の症状や困難を作り上げている原因となっているようにも見えます。多くの心理的不調についての心理学的理論が，「その人なりの受け止め」，つまり認知や信念，世界観によって決定されているという理解を重視します。認知行動療法は，先に説明した条件づけや獲得された対処というとらえ方と，このような認知のあり方を含めて当事者の困りごとを理解し，支援するハイブリット理論として発展してきました。後者は，**認知モデル**⁰⁴に基づく理解と介入の技法に相当します。

　このように，認知行動療法は，大きな2つの源流それぞれにおける基本的な枠組みを基盤とします。そして，実証性を重んじる心理的支援として統合された結果，体系化が進み，過去半世紀ほどの間に世界的に普及し，発展を続けています。

　認知行動療法で基本となる枠組みにはもう一つ，**機能分析**⁰⁵があります。ある状況で，ある行動を選択し，それによって得られる結果の枠組みのことで，これによって行動の出現しやすさや習慣の形成を説明します。ただしこの場合の「得られる結果」には，短期的な（行動出現の直後の）効果と長期的な（行動出現から数時間後，数日後，数年後に顕れる）効果

03 回避に動機づけられた　いわゆる依存症の症状でさえしばしば，摂取する快でなく摂取できない苦痛からの回避とみなせます。

04 認知モデル（認知的概念化）　認知を出来事（Activating event），思い込み（Belief），結果（Consequence）の3つでとらえる。PART 3「4　医療現場での支援への参加」講義メモ**05**（p.142）も参照。

05 機能分析　問題行動の維持要因を，行動の連鎖に沿って明確化すること。PART 2「4　問題別対応方法」やPART 3「4　医療現場での支援への参加」も参照。

があり，通常の行動選択は短期的な効果で形成されていくようになっています。過剰にカロリーを摂取する行動は，「甘さ」や「美味しさ」という直後の快で繰り返されやすくなり，習慣化しやすくなります。将来の，肥満して身体を動かしにくくなること，容姿に好まない変化が生じ，さらに遠い将来慢性疾患にかかり苦労することなどは，行動の形成に関連しません。何時間も何日も，場合によっては何年も何十年も先の現象は，知識，伝承，ルールとして，そのルールを守る行動の選択に身近な快が伴う状況が確立されていて，はじめて達成されると考えます。

　直後の「快」なり「メリット」の随伴の有無が決め手となるこのような説明に，抵抗を覚える方もあるでしょう。「甘いものを口にすること」で「一時的にストレスを解消する」も「口にする」行動の直後のメリット出現です。「喫煙する」で「イライラを解消」も同じです。もし，甘いものを口にする，あるいは喫煙する以外の，長期的にもデメリットやリスクが小さいこと（たとえば，「瞑想する」「愚痴を聞いてもらう」など）で代替できれば，直後のメリットも，長期的な利益（つまり，将来にわたる健康や容姿の維持）も両方手にすることができるのです。なぜそれがそう簡単でないのかは，**即効性**がないからです。このように行動の出現しやすさやしにくさを，内側にある動機づけ，性格特性で説明するのではなく（それはしばしば循環論にすぎない），客観的に分析する枠組みが，機能分析です。

　自らの命も顧みない行動を選択することすらありえる，本来なら生存と繁栄を目指すべき本能の働きが相対的に鈍い動物が人間です。長期的なメリットを否定（「長生きばかりが人生の目的ではない」），あるいは否認する（「医学の助言にはしばしば根拠があいまい」）受け止め方，さらには自己についての否定的な思い込み（「自分のような人間が長生きすべきでない」）が思考行動として固着しているので，そこにも支援の手間をかけていくことが重要になります。そこに，前述の，認知モデルとよばれる枠組みとそれに基づく認知修正の介入のニーズがあります。これは，ある出来事をどう理解しとらえるかが，出来事から起こってくる感情やその後の行動選択に影響を及ぼすとするモデルです。機能分析モデルよりは，一般に納得を得やすいものです。人は人の行動を，その前提にある意図，ねらいから理解する（したつもりになる）のが普通であり，いちいち，行動生起の前後における環境変化のサンプルを収集して仮説検証するなんて，まどろっこしいことはしないからです。

2　症状や困難の変化と変化後を想像すること

　以上のような基本的な枠組みのうえで，現在の状況で悪循環となっている展開をとらえて症状や困難の維持について理解することが，認知行動療法のケース・フォーミュレーションになります。さらに，どのような変化がありうるかを思い描くことの大切さを見ていきましょう。

ポイント1　ケース・フォーミュレーションとは

・症状や困難の生成と維持についての説明
▶各反応の機能（意味・効果・ねらい）を分析し，その維持にかかわる"物語"（悪循環のメカニズム）をとらえる
・近い将来における回復後の展開を具体的に想像する
▶いかなる経験が事態の好転のきっかけになるか？
▶ありがちなエピソード・経過を具体的に想起

　クライエントが治療の半年後，あるいは1年後，場合によっては2年後，3年後ということもあるかもしれませんが，「あのとき，あそこで心理療法を受けたことがきっかけとなって，それ以前よりはマシな生活になった。何よりも自分で自分を支えることができるようになった」との感想をもてるためには，クライエントはどのようなことを経験できればよいかということにセラピストが思いを馳せることの意味を説明したいと思います。
　ところで，このような提案には，少し抵抗を覚える方もあるでしょう。「クライエントの未来は他ならぬクライエント本人が決定するもので，セラピストが示唆なり指示なりすることは不適切」と考える方も少なくないでしょう。
　皆さんも「小さい頃苦手だったこと」あるいは「人間関係（たとえばカップルや親子）の危機を迎え絶望していたこと」ということがあったかと思います。そして現在もそれを引きずっているか，というと，ずいぶんマシになった，さほどの負担を覚えずに，何とかやっていけるようになったということを，1つ2つはもっているのではないでしょうか。それは，必ずしも「認知行動療法を受けたから」というわけではないと思います。たいてい，たまたま経験した出来事のその偶発的な状況の変化から，ある状況におけるちょっとした振る舞いを新たに身につけたとか，それまでとは違う考え方ができるようになったのではないでしょうか。それはひとことで言えば，皆さんがそのとき，それだけ運やタイミングがよかったからだと言えます。「いや，単なる偶然ではない，頑張って耐えたから」という，

意志も強調したいところかもしれませんが，そういう意志の力をうまく引き出すことにつながるような出会い，展開，偶然の結果もあったわけです。

縁あって皆さんの目の前にいるクライエントは，現時点までに運が不足し，タイミングがよくなかった方々です。そのツキが足りなかったクライエントに今から，どんな経験がどんな段取りや順番で起こったら，その方がもともともっている健康さ，有利さなどで，ツキをつかんでいただけるか，ということを，まずセラピストが想像してみることが大切です。

「あなたの目指す幸せを想像してみてください」とお願いした際に，想像できる方，口にしてくださる方も一部のクライエントにはおられるかもしれません。しかし，たいていは，「私には，無理です」と言われます。そうだからこそ，その方はクライエントとしてセラピストの前にいるわけです。ですから，たとえばスクールカウンセラーならば，困難さとその経緯についての話を聞きながら「この子は，小学校を卒業して中学生にそして高校生になるまで，どんな経験を家庭や学校でもてたら「あのときは大変だったけれども，今は少し元気になってきた」と，本人も保護者の方にも思ってもらえるか」を，一生懸命考えるわけです。

重要なことは「（セラピストである）自分が何をしてあげるか」ではなく「この方（子）に何が起これればいいか」という発想です。主語を，セラピストや保護者，ましてや本人にもせず，この子の境遇，この子が経験することに置いてみる。もちろんそこには，さまざまな可能性があってよいのです。多様なことを数多く思いつく資質が求められます。逆に，誰に対しても同じことしか思いつかないようでは不利になります。

「教室に入れない，他人が怖い」と言っていた子が保健室や適応指導教室[06]のようなところに少し通えるようになって他人に自分をさらせるようになってくる，「勉強なんかしたくない，外で働くなんて無理」と言っていた子が「そんな高校がありそこに通って好きなことにつながる資格がとれるなら受験してもいい」とか「わかりやすく教えてもらえたら数学が好きになったし勉強も楽しくなった」と思ってもらえるまでの，ラッキーな展開を具体的にあれこれ想像し，そのうちのどれかの経験をもってもらえるため，今，セラピストを含む支援チームが，どんなおせっかいをどのようにすすめられるかを考えるのです。そこで目指すべき条件づけの解消，身につける対処，受け止め方の変容はどのあたりか，という発想です。

あまりにも奇抜，ありえないような話，この子が人生の達人になるというようなことを考えても仕方がないので，常識的な（ベタな）プロセスで，しかし具体的に想起します。「こういう状況にある人が元気になるには，だいたいこういうことがあると改善の確率が高まる。こんなパターンが多いよね」という知識です。ないもの（たとえば，飛び抜けた才能）をねだっても仕方ありません。そのためには，抑うつの人だったらそのような人の，

不安症や強迫症の強い子だったらその子なりに、「どのような症状で，よくなるためにはこのような経験があるとよい」ということに関する，充実したデータベースをもっている必要があります。それがないと，どうしても，ふと気がつくと「解決しない原因に意識が向き」がちで，援助が難しくなるのです。

　このようなことから，心理療法を実践する専門家にとって大切なことの一つは，支援につながったケースにたくさん触れ続けることだと言えます。残念ながら，大学院などのトレーニングから始まって，支援の現場に出てから以降も，参加したり自らが発表したりする事例検討会といえば，失敗ケースや，困難で途方にくれた経過ばかりという方が少なくありません。ケースの中から，困難さのサインを読み解くばかりの経験しかないと，ここで必要となるような想像力が退化することが懸念されます。心理臨床の世界にはしばしばあることです。

　個人での経験は限られますので，うまく進んだケースになるべくたくさん触れるネットワークにつながり，データベースを豊かにしていくべきでしょう。

> ### まとめ
>
> ・ケース・フォーミュレーションとは「困難や症状の生成と維持についての説明」
> 　だけでなく「近い将来におけるマシな展開を具体的に想像」することでもある。
> ・変化と変化後を想像するためには，ある程度うまくいったケースにたくさん
> 　触れ，改善解消のあり方についてデータベースを豊かにする。

2 ケース・フォーミュレーションの事例1：適応障害

1 事例1：適応障害の男性

1つめの事例はAさん。40歳の男性で既婚，会社員をされています。

- -

架空事例 Aさん 40歳男性（既婚）・会社員（事務職）

・主訴　抑うつ，復職したいが自信がもてない
・家族　妻・娘（小5）・（近所に実両親と弟夫婦）
・生育と経過　出生〜幼少〜中学まで大きな困難なく，まじめなので**リーダーを押しつけられる存在**。父親が厳しく2歳下の弟と違い要領が悪くてよく叱られた。父への怯えが強く不在時のみ安堵できた。大学進学で実家を離れ順調。4年間営業職。**上司の圧力に耐えきれず**退職。転職先（事務職）では安定。入籍。新しい**上司との関係が悪化**して5年で退職。その直前に娘が誕生。半年ほど無職を経験。地元で実父が紹介する職があり**妻が強く押すので**Uターン，事務職に就く。5年目に昇進。「ミスが多い」部下の指導についての**上司の叱責**が負荷となり不眠や体調不良に。6か月休職，復職後1年ほどは安定。再び**部下の指導**で緊張が高まり，うつ再燃で2度めの休職に。

＊Aさんの支援について，事例内でポイントになる箇所を太字にしています。

- -

Aさんは，一度，抑うつで2か月休職したのち回復。しばらく順調でしたが，1年後に再び調子を悪くされて再度休職しています。職場への不安の他にも，「夜，よく眠れなくなるのではないか」という不安から実際に「寝つけなくなる」ようにも。「もう自分はこの先，生きていてもいいことはないのではないか」と繰り返し考えるようになります。結婚していて，子どももいます。

うつ病や**適応障害**[01]で困難な状況にある方は，自分なりの対処（しばしばそれは，「こっそり仕事を自宅に持ち帰る」など，非生産的で自己犠牲的であったりするのですが）を試みても改善せず，「じわじわと苦しくなる」

講義メモ

01 適応障害　ストレス性のうつ症状のこと。DSM-5では「心的外傷及びストレス因関連障害」の中に含まれている。ストレスが主な原因であることから，環境調整による支援が主体となる。

ことで追い詰められ，失敗するというパターンの方が多いようです。その
ようなエピソードが繰り返されるたび，脆弱さが深まるような経過をたど
る方が多いのです。もちろんAさんは，再度の復職を目指していますが，
焦るばかりで，抑うつは改善しません。このような方にいかなる出来事が
あればよいのでしょう。変化のきっかけとして，何が期待されるでしょうか。

リーダー的　　　　　　父親が厳しい　　　　　　上司と対立

転職先での困難　　　　　　不眠、希死念慮

この方に
何が起ればよいのでしょうか？

2　追加で補うべき情報

　前章で示した図1-1は，これまでどのような条件づけがなされ，どう
いう対処でそれを乗り越えようとして，現在のクライエントになったかを
表した図です。
　これまで，Aさんらしい非生産的で自己犠牲的な対処で，何とかやりく
りしてきた歴史があり，「自分の能力では，そんなやりくりしか，しのぐ
道はないだろう」と思い込んでいます。しかし，それではもう先が見えて
しまっています。このような場合，これまではあまり選択してこなかった，
「人に頼る」「実はよく理解できていないことが多いことを正直に伝える」
などを基本とした，新しい対処の仕方を身につけていただく必要がありま
す。そのようなやり方は若い頃にそれなりに経験していればそれほど難し
い選択ではないのですが，今の職場で「ある程度の責任をもたされるよう
になった」ことから，「もう頼れない」という思いを強くしてしまい，苦

しくなってしまっています。新しい上司のもと，ますます苦しくなったとのことでした。

> **ポイント1**　**Aさんについて，追加で補うべき情報**
>
> ・厳しい父との間のエピソード
> 　▶弟が家を継ぐ？　母の対応は？　母と父の関係は？／家の中での"要領の悪さ"があったか？
> ・中高大の仲間関係
> 　▶そこでの年上（教員や先輩）との関係，関係トラブルにどう対処してきたか
> ・営業職の活躍とトラブルの展開
> 　▶刺激→反応→結果，のサンプル／出来事→受け止め→気持ち，のサンプル／社会人としての社交スキルの評価
> ・妻のサポート
> 　▶受ける負担／子，実家との関係
> ・前回の休職前から復職後の経過
> 　▶回復すると何が起こったか？／何をするのか？
> ・予防・危機への対処
> 　▶自殺関連のキーワード

　父親は厳しく，Aさんにとっては怖い存在でした。ただAさんの弟は，その厳しい父親とうまくやっていました。父親や弟に対してAさんは学歴コンプレックスもあり，「自分は出来がよくない」との思い込みから，要領のよい弟や，器用で言葉のうまい人が厳しい相手にどう対応しているかを冷静に見ることすらないままでした。改めてAさんに周囲の「要領がよい」社員のあり方を観察してもらう，弟と父親のやりとりを思い出してもらったりする中で，一つの新しい対処が対話の中で浮かびあがりました。それはいわゆる，「面従腹背」作戦でした。父親の厳しい言葉を，その場では受け入れ従うような態度をとり，実際には自分の考えで実行しておくのです。結果さえ悪くなければ，父親もあとから文句を言うことはありません（実際には父親は母親には愚痴るそうですが）。ところがAさんは幼い頃から，言われたこと，指示されたことは完璧に達成しないと許されないと，必死になってしまうことが多く，完璧な達成ができない事実を前に萎縮してしまうことばかりでした。その結果，そんなAさんを理解して，庇護的に支えてくれる上司でないと，しばしば状態を悪化させてしまうのでした。

　中学校時代は，責任感が強いので，仲間からは「リーダーにふさわしい」とみなされ，Aさんは断ることができず，無理を背負い，自分を責めてしまうことが多かったようです。これまでの経過を聞くと，少し神経質

できつくて細かい，そんな目上の男性との間で難しくなりやすいようでした。父親との関係において条件づけが成立し維持されてきているとも言えます。条件づけには通常，般化が伴います。似たような相手に対して似たような反応を示してしまうのです。ともかく同様の関係性が，中学や高校時代の男の先生や，あるいは部活動の先輩やコーチといった関係の中でも起こっている可能性が高いので，そのあたりも A さんにうかがいたいところでした。面接で確認することは，言うまでもなく本人による洞察を刺激することにもなります。

　他にも，どのような刺激を受けると，どのような反応をして，その結果，どんな結果を体験してきたのでしょうか[02]。あるいはどのような出来事を，どのように解釈し受け止める傾向があるのか，それによってどのような気分になることが多いのか[03]，といったサンプルを集めていくことになります。A さんなりの人間関係のもち方，かかわり方についても，やはりデータを集めていくことになります。

　成人のうつの方で配偶者がいれば，支援の早い時期に一度でよいので同伴で来談いただくのもよいことです。配偶者の方も，自分のパートナーのセラピストがどんな感じか，いかに相談を展開しているのか知っておきたい，ということもあるでしょう。

　また，前回の休職にいたったエピソードで，どんな経過で復職がかなったかにも注目すべきです。A さんは結果的に 1 年ほどで，また調子を崩すことになったのですが，それでも仕事に戻ることができたという復職の経験がありますので，そこにプラスの材料もマイナスの材料も隠れている可能性があります。情報集めは，無制限に進めたらきりがありません。ある程度の見通しをもって集めていくことが効果的です。ケース・フォーミュレーションは「完璧な情報収集の後で」ではなく，ほぼ同時進行で進められるべきものです。新しい情報が入れば，しばしばそれまでのケース・フォーミュレーションにも修正が入ります。

　そして，これは最後にあがってますが非常に重要なこととして，自死が頭に浮かびやすいことについては，放置しておくわけにはいきません。常に配慮しておくべき情報[04]です。継続して，情報を集めておくことが必要です。心理的に近しい方が自死したという経験をもってる方，10 代から好不調の波にかかわらず自死への意識，憧れのようなものをもっている方などは，一定のリスクがあると思います。

　しつこく繰り返しますが，情報とは「A さんは症状の重い方である」というストーリーを作り上げるためばかりに活かされるものではなく，むしろ，「A さんにどのような出来事が起これば，今の状況から脱出しやすくなるか，きっかけになるか」というアイデアにつなげていくべきものです。

講義メモ

02 刺激と反応　どんな刺激を受けるとどんな反応をして，どんな経験をするのか，行動療法における機能分析に基づくとらえ方と言える。

03 出来事と受け止め　どのような出来事を，どのように解釈し，受け止める傾向があるのか，認知療法における認知モデルに基づくとらえ方と言える。

04 希死念慮と自死企図　「死にたい」という気持ちが頭をよぎることを希死念慮という。その「死にたい」という気持ちを，実際に行動に移そうとして計画を立てている場合，自死企図と呼び区別される。自死企図のほうが自死リスクが高い。

3　症状や困難の維持を説明するケース・フォーミュレーション

　A さんの症状や困難の維持を説明する部分に話題を移します。どうして A さんはこのような状況にいたって，今この状況から脱出できないのでしょうか。その説明を 5 本の柱で考えてみました。

ポイント 2　**A さんの症状や困難の維持を説明するケース・フォーミュレーション**

① 条件づけ（トラウマ反応）としての不眠や不調
　▶フラッシュバック，そのきっかけ
② 回避・手段としての不眠や不調
　▶不眠や不調で結果的に手にしているもの
③ 本人の意味づけの結果としての不眠や不調
　▶〈例〉このままではダメだ（破局視）
④ 物理的な状況あるいは単純な生活習慣の影響
　▶運動不足，二度寝，遮光カーテン
⑤ 重要な他者との間の反復パターン
　▶妻の心配，妻の落ち込み

　条件づけについては，トラウマと表現してもいいかもしれません。また，本人にそのつもりがなくても，過剰な**回避**が対処の手段になっている側面があるかもしれません。その他，本人の**意味づけ**もあります。「自分は駄目だ」とか「自分を取り巻いている状況はこうだ」というような，いわゆる認知，意味づけとしてとらえていきます。

　また，**物理的な状況**あるいは**単純な生活習慣**の部分で悪循環を持続させてる部分はないかを見ていくことも重要になります。また，配偶者の心配や先回りの不安を引き出す言葉かけ，あるいは落ち込みなどのリアクション，**重要な他者との間の反復パターン**も見ていきます。

4　リアルな改善解消の想像

　少しオーバーかもしれませんが，シナリオ作家になります。解決までの半年や 1 年，2 年後，クライエントが「あそこで受けたセラピーがきっかけになった」と思えるまでに「どういった変化の経路がありうるか」を考えるわけです。

ポイント3　　リアルな改善解消の想像

・上司トラブル関連フラッシュバックの解消
　　▶上司，その嫌悪的対応に対する脱感作（麻痺）／過去の上司
　　　への怒りの解消
・回避する必要がなくなる，または段階的な不安解消
　　▶上司関係とのスキル向上，“弟がモデル”？
・“もうおしまい”を抑止するイメージ・セリフ
　　▶“死にたい”をハレー彗星にしてやりすごす
・朝から光，夜の活動，快活動の段階的増加
　　▶朝の日光を得る習慣，自分らしさ実感の活動
・妻との会話，父との新たな交流と会話
　　▶妻「2人で決めたこと」，父「お前らしく」

講義メモ

05 脱感作　アレルギー性疾患の治療の際に，抗原の量をごく少量から始めて，次第に増加させていき，アレルギーに対する過敏性を減弱させること。

講義メモ

06 ハレー彗星　周期彗星の一つ。周期 76 年で楕円軌道を公転し，巨大な尾を引く。1682 年に観測したエドモンド・ハレー（Halley, E.）が軌道を計算した。前回は 1986 年に出現。古くから災いの兆しとされた。ハリー彗星とも呼ばれる。（デジタル大辞泉）

　まず，年上の少し細かい男性上司に対する A さんの条件づけられた嫌悪感について，どのような脱感作[05]の過程があったら，あるいは「またうるさいこと言ってるな…，はいはい」と適当に聞けるような対処が身につくためには，どんな経験があったらよいでしょうか。あるいは，回避する必要がなくなるようになるためには，どんな出来事が起こればよいかをテーマとします。

　すでに説明したとおり，「要領がよい」弟さんの，実父に対するあり方をじっくり思い出してもらうのもよいでしょう。10 代の，まだ同居していた頃のピソードでもいいですし，最近のやりとりの観察でもかまいません。

　このように，細かい描写の想起と，「これもありえるかな」「こんなこともありえるかな」というような対話が，クライエントだけでなくセラピストの中にも希望を育みます。来談してくれるかぎり面接は続きますが，うつのクライエントさんもセラピストも下向きになってしまっては，マイナスな雰囲気をさらに深め広げてしまいかねません。

　また，「もう生きていてもしょうがない」という死にたい衝動に対して，「死んだらおしまいよ」とか「家族が，残された人が」という抑止のための言葉かけを繰り返しても効果がないこともあります。セラピストのかかわりにまで，機能分析を行なうことがセラピストに求められます。

　たとえばですが，「生きていてもしょうがないかな」「死んだほうがいいんじゃないかな」という衝動が，周期的に高まってきたときには，ハレー彗星[06]みたいな楕円の軌道を描いて，一定の周期でそういう衝動がやってくるものと考えてみることを提案します。そして，そういう衝動をハレー彗星を見送るようにやり過ごすのです。「ハレー彗星が，また何年ぶりにやってきたか」みたいな感じです。ジタバタせずにその衝動を見送ってみ

る。彗星ですからまたどこかに去っていきます。死にたい衝動が高まって
きたときは，とりあえず「また来たか」と，彗星を見送るかのようにして
みてはどうかと喩えてみることもあります。俯瞰的な視点，あたかもそれ
が他人に起こっている衝動であるかのようにとらえる視点を育むことは，
自死の衝動に限らず，さまざまな効果をもたらします。

“死にたい”を
ハレー彗星にしてやりすごす

死にたい
きもち

うんうん

あ、どっか
いっちゃった

　とにかくこのAさんにフィットする衝動の見送り方，そのメタファー
には何が使えるか，どんな表現だったらのってきていただけそうか，「な
るほど〜」と思っていただけそうか，そんなことを一生懸命思いめぐらせ
ます。毎回すべてのことについて一から案出していたら，セラピストも疲
弊してしまいますから，ある程度は，定番の説明があったほうがよいと思
いますが，しかし，ここで工夫する姿勢がセラピストとしてはとても大切
です。また，この他に単純な生活習慣や物理的な環境の整え方などの助言
もありますので，それらについてもクライエントが消化不良にならない程
度に，しつこくならないように「どうも，こんなふうにしてみるといいら
しいですよ」と伝えてみます。
　父親については，ポイントになりそうです。「最近はやりとりがないし
その必要もない」「すでに亡くなられた」ということであれば，ご本人の
中の父親イメージで進めますが，近いところに住んでいて交流がないわけ
ではないなら，そこでのやりとりにも工夫が必要になります。よほどのこ
とでもないかぎり，この年齢で父親に来談してもらうことは考えなくてよ
いでしょう。「このくらいの年齢にもなれば父親とは，おおよそこういう展
開になればよさそうだ」という常識的なラインを，セラピストが想定して
おけば，ご本人から，「この間，父親とこういうことがあり，こんなやりと
りになりました（なりそうです）」といった話題が出てきたタイミングで，

「そうでしたか，で，そのときに…」というように，着目すべきポイントにすぐに話題を合わせ展開できると思います。解消のための展開の想定，というのはこんなふうに活かされます。的確な想像がないとだめというわけではないですが，準備ができていると有利に展開しやすくなります。

　俗に名人，マイスターと称されるようなセラピストの面接は，ふと出てきた話題への対応がすばらしいと言われます。しっかり検証したわけでもないのですが，やはり，準備というか，想定があるから，対応がとっさに出てくるものだと考えられます。クライエントから得た情報について，「こういう展開もあるかな」「活かせるかもしれないな」と，セラピストはいろいろな可能性を活性化させておくことが大切だと思います。

⑤ セラピストというエージェントにできるとよいこと

　もちろん，どんなセラピストでも万能ではありませんし，せいぜい1,2週間に1回50分のおつき合いで，常にその方と一緒に生活を送っているわけでもありませんから限界はあります。きっかけを作る，ヒントを広げるくらいの役割しか果たせません。けれども，望ましい経験をもってもらうためのヒントやきっかけを提供し続けるのがセラピストですから，「こういうことになったときに，こんなことができるかな」ということ（最近は，ライフハック[07]という表現もあるようですが）を，あれこれ頭の中で準備し，情報を活性化しておくことが有利になるはずです。

　そこで今回の事例について，セラピストというエージェントに何ができるとよいかを考えてみましょう。

講義メモ

07 ライフハック　生活あるいは仕事の効率をあげるための工夫や取り組みのこと。こつ，生活術。

ポイント4　**ケース・フォーミュレーションに基づきセラピストにできそうなことリスト**

・妻の理解と協力…合同面接のアセスメントから
・自死動機の細かい査定と見送り方や価値の確認
・生活習慣改善と行動活性化のリストから望ましい習慣や活動を選ぶ
・フラッシュバックへの手当て
　▶語り＆リアルに想起⇒曝露⇒パッケージへ
・上司はどんな気持ちだった？／恨みの認知再構成
・実父（母・弟）とのエピソードを温かく
　▶リフレーミングする対話
・再発予防的に上司関係とのスキル訓練
　▶復職前，あるいは復職後でも（支援後期で）

　ポイント 4 は奥さんが来談したときの会話のもち方です。死にたいという動機が高まってきたとき，あるいは死にたいという動機が少し落ち着いてきたときに，その経過をうまく進めるための働きかけ。あるいは生活改善において「意外と朝起きしてみるといいもんですね，先生」といった言葉が出てきたときの対応。あるいは，今までのつらい思い出について語られるとき，想いが湧いてくるような記憶や経験を，どう扱っていけばよいかということへの準備。そして上司との話題の展開の仕方になります。こういったことについて「こういう経験をもってもらえればよいわけだから，もしそれを扱うときには，セラピーの中ではこのように取り上げることができるだろう」という準備が，セラピスト側にできていればよいということです。

6　実際の介入

　本章の事例は架空の事例ではありますが，事例のモデルになった現実の事例がありますのでその事例を参考に，A さんにどんな介入ができるかを，少しパッチワーク的にご紹介したいと思います。

> **ポイント5**　**A さんへの実際の介入**
>
> ・初期
> ▶妻の同伴，希死念慮への備えの協力／自死衝動の "見送り方" や "価値" の話題／生活習慣改善（睡眠改善）
> ・中期
> ▶行動活性化（快活動の復活）／フラッシュバックへの手当て／エクスポージャー／恨みの認知再構成，実父のリフレーミング
> ・後期・フォローアップ
> ▶上司その他に向けたスキル訓練／認知再構成，新しい価値観の確認

　まずは初期です。奥さんに来ていただいて，挨拶をしました。ご夫婦というのはたいてい，どちらかがリードしてどちらかが引っ張られていく関係にあります。少し大げさかもしれませんが，そんなイニシアチブみたいなものがあるように思います。まずはそのあたりを少しアセスメントします。また，せっかく来ていただいたわけですから，もし A さんの希死念慮が高まったときに，この奥さんはどのように受けとめてブレーキの役割

を果たしてくれそうか，確認しておけるとよいでしょう。

　中期においては，**生活の改善**を進めます。うつの支援の決定版と言える技法は**行動活性化**[08]による介入です。しかしそれをどのあたりから進められるか。多少なりともお仕事に関係することからか，あるいは仕事とまったく関係ない活動からのほう（行動活性化ではこちらが基本）がよさそうかということを，情報に基づいて判断していきます。あとは，今までうまくいかなかった上司や先輩との関係をどう扱うかです。**エクスポージャー**[09]つまり，心のアレルギー反応，過剰な反応性が残っているところをどのように直面化させ，回避をどこまで容認していくのがよいか，あるいは話題があがるたびに取り扱っていくのがよいか。エクスポージャーといってもさまざまなバリエーションがあり，大きく分けて集中的につらい刺激にさらすようなやり方と，徐々に段階的に進めていくやり方の2つ[10]があります。このどちらがAさんにとって進めやすいのかを検討します。EMDR[11]の技術をおもちの方だったら，それを使っていくのもよいかもしれません。思いっ切り強いイメージに浸ることで，一気に解消する場合もあります。説明を入れながら，そして何より，どのようなエクスポージャーが現実に可能か，判断していく必要があります。

　「○○のせいで自分の人生はこうなってしまった」など，特定の重要な他者に恨みが強く残っているような場合には，その恨みについて，何らかの受け止め直し（**認知再構成（法）**[12]）が有効で，セラピストはそのタイミングも検討する必要があります。Aさんの父親とのエピソードと同じように，Aさん自身も小学生のお嬢さんの父親でもあるわけですから「世間では親というのはどこもこんなもの」といったエピソードを話題にできるチャンスをうかがうといった方法が一つです。

　そして何とか仕事に戻ることができたら，あとは再発予防になります。ここでも，何が必要となるか，どんなことを身につけてもらえればリスクはより小さくなるかを考えてみます。職場に戻ることに関しては，いわゆる**ソーシャルスキル**[13]を調整しておきたいところです。職場の人間関係の中で，どのようなやりとりをすると有効か。できるだけ，方便と割り切る，心を遣わずに，「お願いします」とか，「申し訳ありませんが，しばらく休んでいたもので，もう少し詳しく教えていただけますか」などと口にできるように慣れることです。うつになって，休職するまでに，「こう扱われた」とか「こう言われた」というプチ（プチとも言えない場合もある）トラウマ経験があったという方は少なくありません。よく聞いていると，言葉足らずだったり，タイミングの悪さなどが悪化を招いていたようにうかがえる場合も少なくないのですが，なかなか気づくのは難しいです。「心がけの問題ではない表面上のことであり，過剰に心を遣う必要はないけれど，こんな表現にしておいたほうが無難で，誤解は少ないかもしれない」とい

講義メモ

08 行動活性化　活動記録表などを利用しながら，活動が全体として増加し，達成感や喜びを感じられるような活動スケジュールを設定していくこと。

09 エクスポージャー　クライエントの理解と合意を得たうえで，なるべく現実刺激を用い，刺激提示により喚起される情動や回避衝動から気をそらす働きかけを極力減らすことで，不安刺激に慣れていく方法のこと。

10 2つのエクスポージャー　前者はフラッディングと呼び，後者は段階的エクスポージャーと呼ぶ。

11 EMDR　眼球運動による脱感作および再処理法の略称。心的外傷後ストレス障害（PTSD）に対するエビデンスのある技法として知られている。

12 認知再構成（法）　認知の中でも瞬間的に頭をよぎる思考やイメージを自動思考とよび，自動思考の妥当性を検討し，適応的な思考に修正できるよう働きかける手法。認知モデルに基づく。

講義メモ

13 ソーシャルスキル　傾聴する，相槌をうつ，適切に自己開示する，怒りに対処するなど，対人状況で必要とされる技能のこと。ソーシャルスキルを獲得するための訓練を，ソーシャルスキルトレーニング（SST）という。

う認識をもっていただけるとよいと思います。実際に必要なスキルを発揮する場面や向き合う相手について，できるだけリアルな情報を確認し，ロールプレイまでできるとよいでしょう。

7 本章のまとめ

　事例1におけるケース・フォーミュレーションの活動をまとめたいと思います。

　ケース・フォーミュレーションの質は，情報の集め方に依存します。ただ，支援の冒頭で網羅的に集めるのではなく，まずは基本情報を集めることでケース・フォーミュレーションの骨組みもできていきます。そしてそれを少しずつ肉づけする情報を得て，ケース・フォーミュレーションにも肉がつき，厚み，深みがでてくる，というイメージでしょうか。

> **ポイント6　事例1におけるケース・フォーミュレーションの活動のまとめ**
>
> ・事前の情報の確認と追加情報の収集
> ⇩
> ・症状や困難の説明＋改善解消のイメージ想起＝ケース・フォーミュレーション
> ⇩
> ・クライエントに何が起こればいいのか？
> ・そのためにセラピストは何ができる？
> ▶【"改善解消"についての多くのデータベース】と【認知行動療法の変容原理と技法】の組み合わせという定石をもとにして，創意と工夫を行なう

　「クライエントがよくなるためには無数の可能性があるわけで，それをセラピストが取捨選択しリードするかのような態度はいかがか」というご意見をいただくことがあります。別に否定するわけではありませんし「こうでなければ，あなたはよくなりませんよ」と言うわけでもありません。とはいえ，やはりまったくノープランというか，地図も持たず，段取り表も作らず，改善のためのイメージがまったくない状態で支援ができるのかというと，私には疑問です。認知行動療法にはいろいろな技法がありますので，ともすれば「これが駄目だったらこれをやればいい」「これが駄目だったらじゃあ，こうすればいい」というように「数打ちゃ当たる」支援にな

りがちです。しかし，それではあまりよい結果につながりません。クライエントの動機づけにも影響します。

　不登校や不安症や強迫症など，各支援にはそれぞれの**定石**があります。定石をふまえた，創意と工夫が楽しいから，セラピーも楽しいのです。

　ま　と　め

- リアルな改善解消の想像は，解決までの数年を見越して，どのような経路をたどったら一番よいかをシナリオ作家のように考える。
- 多くのデータベースと認知行動療法の組み合わせという「定石」をもとにして，ケースごとに創意工夫することが求められる。

3 ケース・フォーミュレーションの事例2：強迫症

1 事例2：加害強迫症の女性

では，2つめの事例になります。Bさん，32歳の女性の方です。

- -

架空事例 Bさん32歳女性（独身）・無職（直前退職）

・主訴　加害の強迫症，外出もできなくなり引きこもり
・家族　父（嘱託職）・母（専）・弟（会社員）
・生育と経過　正常分娩，幼少時から几帳面で心配症傾向があるも活発。中学で手洗い高校では文具や本の管理が気になった。大学ではわりと楽。就職して半年ほどは仕事も遊びも順調。23歳頃から，書類を渡すときに，クリップやステイプラー針などを含めてないか過度に確認する。仕事全体に時間がかかるように。残業での叱責を受けトラウマに。制服着替えも困難，人とのすれ違いを避ける衝動が強く外出困難に。服薬治療も改善せず，26歳で退職。アルバイトも続かず引きこもりに。家事も無理になり，活動は顕著に低下。

- -

強迫症[01] について，しばしば不潔恐怖がよく例にあがりますが，この方は**加害恐怖**の強迫症です。「自分が他人に害をなしてしまう（しまった，しまっている）のではないか」という強迫観念が繰り返し浮かぶタイプです。かつては仕事をしていましたが，来談時にはほぼ引きこもりに近い状態でした。強迫症や不安症の方は，早くて小学生くらいから，几帳面さや完全癖がありそれにつながるこだわり儀式をひそかに繰り返す，といった傾向が出てくる場合が多いです。その特徴が多少の波があってもそのままという方もいれば，いったん治まったけれども，ある時点から再発したかのように見える場合もあります。

　強迫観念は，一貫して同じ内容のこともありますが，変化して展開することもあります。加害のテーマの中であれこれ展開する，という場合もあれば，確認の内容が多岐にわたる，移転する場合もあります。Bさんの場合は，事務作業をしている中でクリップやステイプラーの針が，自分の不始末で誰かに悪いことをもたらすのではないかということが強迫観念とな

 講義メモ

01 強迫症　強迫観念と強迫行為から成る精神疾患の一つ。詳細はPART 1を参照。

り，仕事の効率を大きく損ねるようになってしまったということです。その中で上司から「こんな仕事にどれだけ時間をかけているの」「これで残業代を申請されても困る」といったことを言われ，苦しくなってしまいました。

　自分の強迫観念を他人に理解してもらうのはとても難しいだろうという考えは，多くの強迫症の方に共通したものです。ある程度基礎的知識があってこそ自身の症状理解が進むものです。残念ながら，相談せず必死に抱え込んでしまう傾向があり，引きこもりの状態に陥りやすいのも懸念されることです。しかし，セラピスト自身が強迫症のことをしっかり理解していれば，ケース・フォーミュレーションはそう難しくありません。ここでは症状の象徴的な意味にとらわれすぎないことが大切です。

2　追加で補うべき情報

　ではBさんは，どのような経験をもてば「生活が楽になった」と思えるようになるでしょうか。「いろんなことが楽にやりすごせるようになって，仕事にも戻れるかも」という自信をもってもらい，それでもしばしば「気になる」けど，何とかやりすごせるようになるためのきっかけとして，どのような経験が有効でしょう。そのストーリーを頭に浮かべながら，話を聞いて，質問し，やんわりと提案して，さらに経過を確認していくのがセラピストの仕事です。

　そのためにも情報が必要になります。追加で補うべき情報としては，次のようなものがあげられます。

> **ポイント1**　**当を得たケース・フォーミュレーションにするために追加で補うべき情報**
>
> ・強迫行為は無意味という自覚の有無（鑑別診断）
> ・強固な感覚過敏，偏った受け止め等の有無（鑑別診断）
> ・学習性無気力（抑うつ）の強さ
> ・現在の生活での苦痛，求めていること
> ・最低限安心できる生活を脅かす刺激の存在と対処
> ・本人の強迫症の理解（と誤解）の程度と内容
> ・家族の強迫症の理解（と誤解）の程度と内容
> ・強迫症の症状について可能な範囲で収集
>
>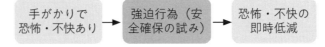

　主訴である強迫症状については，「思い浮かべてしまう」ことの苦痛の

ほかにも，強迫に関連した行動，避けていること，儀式的行動にコストをかけていることなどを確認していくことも重要です。強迫行為を繰り返すことについて，その理屈を本人なりにどのように意味づけているかも確認したいところです。**原因帰属** [02] と言いますが「なぜこうなったのか」ということを考えずにいられない生き物が人間ですので「私のこの症状や困難は，こういうことで生じているのだ」という考えをクライエントはたいていもっています。しばしばそこには，**思い込み**があり，だから変えることができない，という信念につながっています。「今のような状態になったことについて何かお考えはありますか」などと尋ね話題にしていきます。

　本人の理解と誤解だけでなく，家族の理解と誤解も確認しておくと，作業が進めやすくなります。強迫症はポイント 1 の図にあるように，手がかりとなる衝動（**強迫観念**）があって，それから楽になりたいために何らかの手をうつこと（**強迫行為**）によって成り立っています。手をうった直後は安堵が得られますが，しばらくするとまた観念が浮かんで苦しくなります。しばらく前に「手をうって楽になった」という鮮明な経験がありますから，またすぐにその手をうちたいという衝動が沸いて，行動を繰り返す，というパターンが基本です。この枠組みに沿った理解を，クライエントがもてるようになることが大切です。

講義メモ

02 原因帰属　原因を推論し，因果的な解釈を行なうこと。原因を自分の能力や努力とみなす内的帰属と，周囲の環境や運によるものとみなす外的帰属に大別される。

3　症状や困難の維持についての説明のためのケース・フォーミュレーション

　症状や困難の維持を説明する段階に話を移します。

ポイント 2　症状や困難の維持についての説明のためのケース・フォーミュレーション

・強迫症状のメカニズムの説明（必須）の他
　　　︙
・重要な他者への巻き込み（安全確保）
　▶家族の心配，家族の落ち込み
・気になる（放置できない）感覚の範囲の特定
　▶汚染（自他），加害，秩序，不敬，喪失，後悔
・生活（仕事，家事，生活環境の必要性）状況
　▶ある行為を避けることが大きな負担となる状況
・抑うつや気分の変動の程度
　▶介入のペース，その他の判断材料に
・症状を増悪させるその他の強迫関連の問題行動
　▶食に関連して，自傷，嗜癖，嗜癖的行動

他人への巻き込みや気になる感覚の範囲や生活状況も把握しておきたいところです。また，長く強迫症に苦しんでおられる方は，傍から見てあまり生産性がない儀式のためにとても疲弊しており，抑うつ的になりやすくなっています。「もう 20 年もこのような状態で，いまさらよくなっても時間は戻らない」といったことをおっしゃる方は，30 代〜 40 代以降の強迫症の方で少なくないようです。また，衝動制御の困難さから，嗜癖的な行動の問題に広がっていることもあり，先にその嗜癖の問題を主訴として，治療や支援を求めてこられる方もあります。そんな場合は本格的な介入の前に準備が必要です。

4　セラピストのシナリオ作り，セラピストにできること

　B さんに関しても，「どんなエピソードが生活の中で起これば改善のきっかけになるか」をあれこれ思い浮かべながら話を聞きます。そして，「そのようなエピソードを誘発するために，セラピストとしてどんな展開にかかわれるか」と考えていきます。

ポイント 3　ケース・フォーミュレーションに基づきセラピストにできること

・安堵とエクスポージャーの構造化（重症例には重要）
・生活に細かく入りこんだ行為（安全確保）に着目してもらいながら，強迫のメカニズムを（本人と周囲に）理解してもらう
・同じ強迫症に困っている方の話を聞く機会を提供
・観念（侵入思考）のノーマライズ（誰にもある）
　▶〈例〉"サイダー注いだときの泡みたいに"
・衝動のやりすごし（自然乾燥）の体験
・生活の変化（楽さ）を味わってもらう
・自分で改善リハビリを計画してもらう

講義メモ

03 ノーマライズ　社会福祉の分野では，障害者と健常者が区別されることなく生活を送ることができるようにすること。本講義において「誰でも起こり得ること」という意味で用いられている。

　面接では，ノーマライズ[03] も有効です。強迫症では，クライエントはどうしても，**強迫観念**が沸いてくることに意識が向きがちです。何とかこれが沸いてこないように，と考えます。それだけ，苦しく，繰り返されてくるものとしてのしかかっているのです。しかし，「強迫観念の想起がなくなること」が正常でありそれに期待がもてるような説明は望ましくありません。できないことをできると保証してはいけません。人間の脳は，「栓

を抜いたばかりのサイダーを注いだグラス」みたいなもので「どこからとも言えないのですが，たくさんの泡が底から沸いてくる」ようにできています。それは強迫症の方だけではなく，誰でも人間ならそうなっています。人間には，空想力がありますが，それも同じです。この泡は，「宝くじに当選したらどうしよう」「突然，すてきな異性から声をかけられたらどうしよう」という夢物語（プラス方向の想起）もありますが，多くが不安につながる内容に関連しています。そのように，強迫観念についてはノーマライズし，取り組むべきは，強迫行為のほうだとクライエントに理解してもらえるように心理教育を進めます。

　おかしな考え方，ばかげた考え方が浮かんで，不快さですぐにでも取り去りたい感覚に襲われても，それをそのまま放置する，ほったらかしにできるようなコツを何とか身につけていくことです。生のイカの刺身だったら腐りますし，腐ったらにおいがしてきますが，日干しして自然乾燥させスルメのようになれば，匂いもわずかで扱いにも困らなくなります。このように，「強迫の衝動を保管のよいスルメにする」ことを提案します。

嫌な気持ちを自然乾燥する

強迫症の場合，認知行動療法では，強迫行為に相当する，あるいはそれにつながる行動の抑止を提案することになります。しかし，「○○しないように」といった指示ばかりだと，活動性そのものが低下して，結果的に「してはいけない行為」をつい繰り返してしまうことになります。「こんな衝動が沸いたらこうしよう」「こんな感覚が生起した場合は，こういうこともできる」ということ（いくらかでも安心できること）を実行しやすいよう，候補となる活動のリストを用意しておき，リハーサルし生活の環境を整えておくというのも大切です。

5　実際の介入

最後に，B さんへの実際の介入について見ていきましょう。

ポイント 4　B さんへの実際の介入

・初期
　▶情報収集（症状評定尺度：Y-BOCS 等での評価も）／当事
　　者と家族対象の集団ミーティングへ誘う／"ごく軽いエクス
　　ポージャー（パッチテスト）" 実施／心理教育：主体的に学
　　んでいただけるよう
・中後期
　▶エクスポージャーの継続，あくまで主体的取り組みで／生活
　　習慣改善（特に睡眠の質向上）と行動活性化／介入成果を，
　　尺度・生活変化・気分変化で評定
・後期・フォローアップ
　▶バイトや生活状況に即し悪い予測と良い対処案を

「この大変な症状との対峙」をねぎらいながら「こんなことはなかった
ですか」と，可能性がある症状の有無を確認していきます。これは，「強
迫症のメカニズムの理解にもつながります。また，不安症や強迫症の方に
とって，集団ミーティングで，同じような問題・困難を抱えている当事者
や家族が集まって話をするのもよいことです。もちろん少しずつ違います
が，「似たようなことで困ってる方がいる」ということを知ることで，前
向きに希望をもてることがあります。

　ご本人の理解も進んでいよいよエクスポージャーの段階でも，少しま
だクライエントにためらいがあるという場合には，**パッチテスト**という，
ささやかなエクスポージャーを体験してもらうこともあります。たとえば，
不潔強迫の人であれば，床に落ちているゴミを手で拾う，スリッパや手す
りなどに触れてみるのです。治療の場，面接室の中で無理なくできるよう
な，ちょっとしたエクスポージャーを提案し取り組んでいただくのです。
あるいは，デモとしてクライエントの目の前でセラピストがやってみて，
「これ，できますか？」と尋ねてみます。考えているのと実際にやってみ
るのは，差がありますから。

　クライエントの中には「無理です」と言っていたのに意外とできてしま
う方もいれば，「やれそうに思います」と言いながら，実際には難しい方
がいます。言葉の確認で，いきなり宿題にしてしまうのではなく，規模を
小さくして提案し，取り組んでいただくわけです。

とにかく，**心理教育**[04] が重要です。クライエントが自ら解説書やネットの情報に触れて理解することで前向きになれる方もいます。目の前のセラピストの提案は，なかなか受け入れ難かったのだが，ネット情報から，前向きになれたなんてことは，まさに今の時代らしい反応かもしれません。結果よければそれもよしです。

そして中期から後期は，**エクスポージャー**をいろいろ進めていくことになりますが，できるだけ，徐々に，こちらが計画したり提案したりではなく，クライエントが自分で少しずつ計画を立てていけるとよいでしょう。「おや，そんな工夫ができたのですか，それはすばらしい。よかったら，そのやり方を，同じような症状に困っている方にも教えて差し上げたいと思いますが，よろしいですか？」とお伝えできる展開になるくらいが理想です。

最後に，不安症や強迫症も，再燃・再発は少なからぬ割合で認められます。再発のことにも触れておくべきでしょう。

図 3-1 の向かって左側の時計回りの回路が強迫の症状を維持・悪化させる回路です。何か手がかりがあって，観念が浮かび苦しいのに制御できなくなる状況に陥ることから逃れるための儀式的行為を発動させます。想定された最悪の状況を避けることができたという安堵は，同じような兆候があれば同じような儀式的行為を発動させる習慣をより固定化させます。意味がないとわかっていても「止めるに止められない」状態となるのです。

それに対して，右側の，反時計回りの回路が，エクスポージャー実行の回路です。ひとことで言えば，あえて不安や不快な気持ちが高まるような，

講義メモ

04 心理教育　心理的な問題についての知識や情報を伝達すること。心理教育においては，知識や情報による認知レベルへの働きかけが重視され，主体的な問題の受容や対処技術の向上が期待される。

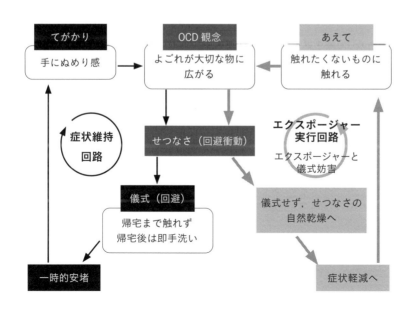

図 3-1　強迫症状の維持回路とエクスポージャーの実行の回路

おかしな行動を選択するわけです。先ほど，パッチテスト（たとえば，不潔の観念が沸きやすいクライエントが，自らわざわざ汚れの感覚が生じるようなところに軽く触れてみるといった行為）を説明しました。加害強迫の方の場合，非常に切れが悪く全然研がれてない，ニンジン一本ろくに切れないような出刃包丁の刃をセラピストのほうに向け，クライエントに柄のほう持っていただく姿勢をしばらく持続してもらう，などです。ちょっとでもクライエントが柄を引いたら，私の手がざっくり切れるだろうと思えるような状況です。いくら「超なまくら」だとは言え，このように刃を持ち合う状況なんて，普段の生活でありえないことです。けdもそれを「あえて」やっていただく。「こんなことすぐにやめたい」「すぐに確認なり取り消し行為をしたい」という気持ち（回避の衝動），そんな気持ちを何より本人から（ここがとても重要ですが），他者に命令されるのではなく，原理を説明して本人の意志で取り組んでいただくのです。そして，「回避したい」「確認したい」「取り消したい」という衝動が高まっても，時間経過（数十分）とともに収まることを確認してもらいます。SUDs[05]（サッズ，主観的な困難さの単位）を使ってみることもあります。

　ケース・フォーミュレーションとは，このようなエクスポージャーにつながるような，情報の整理を進める作業のことです。

講義メモ

05 SUDs　主観的不快尺度とも呼ばれる。自分が最も不安・苦痛に感じるときを100点，まったく不安や苦痛を感じないときを0点として，何点に感じるかを評価してもらう方法。

怖いです　　時間をかけて慣れましょう

あえて、日常生活ではありえないことを体験してみる

4 ケース・フォーミュレーションの事例3： ギャンブル障害

 事例3：ギャンブル障害の男性

　3つめの事例にいきます。嗜癖の問題として，ギャンブル障害に関する事例をご紹介したいと思います。

- -

架空事例　Cさん23歳男性・学生（無職）

・主訴　ギャンブル障害
・家族　父（公務員）・母（パート）・（実姉は嫁ぐ）
・生育と経過　正常分娩，小さい頃から友だちとうまくやっていくほうだった。中学高校であるスポーツで活躍。首都圏の大学へ進学もスポーツ部を2か月で退部。バイト先輩からパチンコ，競馬を教わり，すぐに自分で出かけるように。授業を休みがちになり。仕送りの使い込みをバイトで補い，借金も。2年間で一桁の単位取得。3年途中で休学となり帰省。心療内科でも「うつ症状しか診ない」と言われた。歯の治療のためのお金もギャンブルで使ってしまうなど，嘘を繰り返す。

- -

　ギャンブル障害[01]はギャンブルで負けてお金がなくなった分をギャンブルで取り返そうしたり，ギャンブルをするための時間や軍資金をどうやって確保しようか，ということで頭がいっぱいになる状態です。さらに，軍資金を手に入れるために嘘をついたり，正直になれないことで，家庭や友人関係，職場で問題が起き，そのストレスの解消としてまたギャンブルを選んでしまうという悪循環に陥ります。

　Cさんは，生活歴にもあるように，勝負事つまり，勝ち負けがつくことが大好きだったようです。こういう特性の方は，性差で言えば男性の，成功体験のある方に多いように思います。勝ち負け，優劣の決着がつくようなことで，勝ちを得て，「自分は有能であることを証明した」という経験がもたらす快の度合いが強い人，とも言えます。一般に，学生時代までは，スポーツ競技に入れ込むなど，勝ち負けのつく機会は比較的多くありますが，社会人になり仕事に就くと，「勝つことで興奮を得る」経験は少なく

 講義メモ

01 ギャンブル障害　ギャンブルを止めたくてもやめられない状態。ギャンブルは，脳報酬系を刺激する点で物質乱用と類似しているため，DSM-5では物質関連障害の章に含まれている。

なります。ぽっかり空いた勝負好きの心の穴に，ギャンブルがピタッとハマってしまうかのように見える事例は，一定の割合であるようです。この他にも，ギャンブルにハマる人には，音や光や反応の即時性がある環境で思い浮かべたくないことを浮かべず没頭できたり，孤独を感じずに過ごすことができる場として抜けられなくなっていくようなメカニズムもみられます。初めは誘ってくれる仲間との連帯感だったのが，個人的な衝動の抑制が困難になって一人で続ける場合もあるようです。

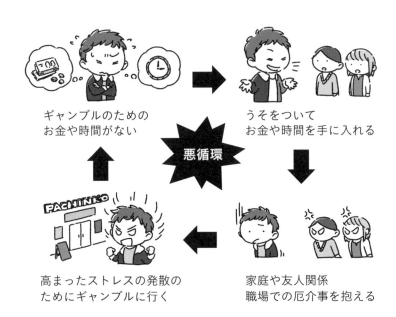

C さんは経済的な困窮と大切な人間関係を失うといった，かなりつらい目に遭ったにもかかわらず，ギャンブルへの依存が解消せず，やめると決心しては再び夢中になってしまうことを繰り返していました。

さて，こんなクライエントにおいて，どのような経験やエピソードがあれば「俺の10代後半から20代はギャンブルのおかげで散々だったけども，30歳近くになって，立て直しができた。あのときお世話になったセラピー，よかったな」と思えるようになるでしょう。

2 追加で補うべき情報

これまでどおり，追加で情報を補っていきます。

> **ポイント1**　当を得たケース・フォーミュレーションとするために
> 追加で補うべき情報
>
> ・“たまり感（渇望）” の蓄積に関係する要素
> ・“引き金” になりうる刺激状況
> ・周囲の管理・監視と制限（時間・お金）の支援の可能性
> ・職場や学校での “ギャンブル仲間” の状況
> ・気分を悪くする状況（ギャンブルが原因か否かにかかわらず）
> ・代替の候補になる活動の経験や可能性の有無
> ・他の精神疾患，脆弱さにかかわる要素
> ・よくある “言い訳” のパターンとそれに関係する状況

　私はよく**渇望**[02]のことを「たまり感」と本人やご家族に表現しますが，ギャンブルをやらずにいられないような「たまり感」は，どのように蓄積するのでしょう。あとは，やめようと思っているけれども行ってしまう，ギャンブルの引き金になっている刺激は何でしょうか。また，ギャンブルは時間とお金がなければできません。その時間とお金の状況について，周囲からの抑止，ゲートとして何がどのくらいあるのでしょうか。すごくギャンブルにはまってる息子さんがいるにもかかわらず，お金の管理が甘いご家庭もよくあります（これは，ゲーム課金を繰り返す未成年の子と保護者という組み合わせでもあります）。時間とお金を自由に使いにくくする対応をとることに協力してくれそうな家庭環境なのか。中には，親や配偶者の側に何か負い目（同居してくれること，何かを我慢し続けてくれること，過去に苦痛をもたらしたことなど）のような事情があって，制限をかけにくい状況があったりします。あとは学校でも職場でも，ギャンブル仲間（一緒に出かけるあるいは，顔を合わせればいつどこでどれだけ勝ったのかという会話が始まるつながり）も，よくあるリスク要因となっています。そのあたりは，ご本人はもちろん，ご家族も自発的に語ってくれないことがよくあります。一般に依存症では否認する傾向を伴いますので，ある程度まで，セラピストは積極的に，「よくあるパターンなので念のために確認させてください」などと説明しながら，情報を集めていく必要があります。

　また，ギャンブルに相当な時間をかけていた方に，何らかの工夫が奏功し，ギャンブルの抑止ができれば，それまでギャンブルに費やしていた時間がすっぽり空くことになります。その開いた時間に何か適切な活動（それなりに充実感を感じること）がみつかることは大切です。依存症は，長い再発抑止のための伴走が支援となります。

　Cさんにとって，それまで相当な時間を費やしていたギャンブルに置き

講義メモ

02 渇望　依存となる対象を強く求める気持ち，あるいはそれが高まった状態のこと。

換わる活動として何があるか，これは，生活をそれまでの歴史も含めて広く尋ねながら見つけていくことが大切です。「これまで散々（家族親戚，あるいは職場に）迷惑をかけてきたから，別の楽しみごとに浸るようなことは許されない」などと，妙にストイックな改善を目指そうとするクライエントも少なくありませんが，そのような柔軟性のなさは，むしろ，再発のリスクを高めます。また，他の精神疾患，心理社会的な脆弱さが背景となっている可能性もありますので，そのあたりも確認していくことになります。

　再発は「あるもの」と想定しておきます。「もうやらないと心に決めた，その自信もある。けど，心にゆとりをもたせるためにセラピーを受けにきた」などと余裕あるところをアピールしながら，短期間で再発してしまう方も多いものです。再発，あるいはそこまでではなくても，いわゆる**スリップ**（単発的に接近してしまうこと）があったときは，人は必ず言い訳を頭の中で想起しているものです。「今日は仕事で頑張ったから」とか「ちょっとした運試しをするだけだから」など。このような自分への言い訳をしっかりモニターし，対処できるようにしておくことが，最終的な脱出のために決め手になるようです。これも，クライエントの生活状況によって典型的なパターンがあるので，話題にしておくとよいでしょう。先に，「家族などがクライエントに負い目をもっていると」と説明しましたが，自分が自分に負い目をもつ場合もあります。「自分にはパートナー（友人）がいない」「妻が相手をしてくれないのだが浮気するよりはずっとまし」「自分はお酒が弱いので」などはよくあるパターンです。

③　リアルな改善解消の想像

　次にリアルな改善解消の想像の段階に入ります。Ｃさんのように，なかなか大変な経過をもつクライエントが，どうしたら，ギャンブルを減らし，熱くなった自分を少し冷めた目で振り返り，それを言葉にし，さらにギャンブルを減らしてついにはやめてくれる（小遣いの範囲にする）のかを想像します。セラピーを引き受けるからには，クライエントの改善ストーリーとして可能性がある道筋を，クライエント本人に先んじて，より洗練された具体像として，描けるくらいになりたいものです。

> ### ポイント2　リアルな改善解消の想像
>
> ・物理的に離れ，つき合い関係が遮断される
> 　▶実家へ：なじみの店，仲間との距離／お金と時間の管理を受ける
> ・新らしい親子関係に向け互いに成長
> 　▶依存も見逃しもない，親切にするだけの騙されない親へ
> ・アルバイトしながらお金の価値を学ぶ
> 　▶アルバイトで借金の返済を体験
> ・代替となる気晴らしと夢中になるもの
> 　▶ゲーム？　ブログ作成？　地元の仲間と遊ぶ
> ・新たな価値へ
> 　▶やっぱり地元で大学へ

　何よりギャンブルから物理的に離れないといけませんので，お金や時間の管理・監視について，どのような面接の構造，展開が有効か，ということを検討します。この方はまだ20代の独身で，まだご両親のサポートを受けています。ご両親が巻き込まれない関係の構築も重要になります。適切なお金や時間の管理に協力できるご両親なのか，それらはどのような理解や納得をして協力してくださるか，ということを見きわめながら，面接を進めます。

　それから，ギャンブルの代替となる活動，時間の使い方ですね。Cさんの場合，勝ち負けの実感は伴うけれども，ギャンブルではないものが望ましいです。よく「**ギャンブルではないギャンブル**」という提案をします。お金がみるみる減っていき借金をしないといけないような展開にはまずならない活動です。ギャンブルとは，結果がわからないことに貴重なものを賭ける行為ですが，結果はわからないことでわくわくしても，貴重なものを賭けることのないこと，たとえば，観てみないと満足できるかどうかわからない映画を，お金を払って観に行くことも大げさに言えばギャンブルです。似たようなことは，レジャーの中にいくらでも見つかります。誰でも「賭け」をしながら生きている。気になる人をデートに誘ってみることもギャンブル。「ギャンブルではないギャンブルはいくらでも見つかる」と考えてもらえるとよいです。

　あとは，新たな価値観についてです。大学への復帰について，再チャレンジすべきかを話題にします。早々と話題にするか，あるいは随分ギャンブルが治まってきて親子関係も安定したところで扱うのがよいかはいろいろですが，やはり将来に向けての話題はどこかで入れる必要があるので，セラピストの中で準備しておくとよいでしょう。

4　実際の介入

Cさんへの実際の介入について見ていきましょう。

> **ポイント3**　**Cさんへの実際の介入**
>
> ・初期
> ▶家族（親子）合同での面接／"親切な他人"である親が協力する関係へ／認知行動療法の基本プログラムで自己洞察へ／"たまり感"→"引き金"→"言い訳"／ギャンブル→"熱くなる"→苦しさ解消のためにギャンブル
> ・中期・後期・フォローアップ
> ▶「したくともできない生活」の継続の中で「しないのが当たり前な生活」の達成（バイト・勉強）／新しい目標，新しい代替活動へ／傾聴という言語行動のフリーオペラント

　一般に，親というのは，親切な他人でもあります。子どもを見捨てることを推奨するわけではありませんが，「一緒に地獄に落ちることはできない」と，リアルに考えてみていただくこともしばしば有効です。

　また，ギャンブルを抑止するための介入には，ある程度のパターンがあります。まず「**渇望**」があって「**引き金（きっかけ）**」があって，やめなきゃなと思っているけど「これが最後だから」や「親もギャンブル依存症だったらしいから，遺伝だし仕方ない」など，いろんな**言い訳**を頭の中でつぶやいている内容にフォーカスします。「負けた分をある程度取り返したところでやめないと…。すべてを取り戻すことが無理なことはよくわかっているけど」といった，合理的なようでそうでもない，賢いようで賢くない考え方が，言い訳になっていることもあります。これらに正面から反論するのは難しく，一定の理解・共感を示したうえで，ただしそれらを浮かべることが，やめると決めたのにやめられない背景にある，と話題にしていきます。恋愛経験があるような方には，別れると決めた相手との別れを，「美しい別れ方」にしようとして，結局いつまでもずるずると関係を続けてしまうことに似ている，といった喩えを用いた対話もよいかもしれません。一種の認知修正の技法です。

　そして，**再発防止**になります。新しい目標など「代わりにこういうことやれたらいいかな」と思うことや「実際にやってみたらこうでした」といったことを，会話で引き出していけるような面接を展開します。

5　PART 4 のまとめ：セラピストに求められること

1. 段取り表をもつこと

　本講義は事例を介して話をしてきました。振り返りとして，いま一度最初に示したイラスト（p.157）をご覧ください。

　セラピストは，いろいろな改善のきっかけやヒントを頭の中に用意しておけるとよいです。「この方だったら，こういうようなことが有効かもね」といった可能性を，頭の中に多数用意し，展開の中で，タイミングをみて話題にし，具体的に提案したり，段階的に課題をとおして取り組んでみたりします。そのあたりが，標準的な認知行動療法のテキストでは伝わりにくのかもしれません。

2. 定石に基づくこと

　認知行動療法を行なうセラピストに求められるのは，まずは定石，つまり，認知行動療法における変容理論をベースとし，それで説明ができることです。そして実際にしばしば見受けられる症状ごとの改善への道筋（パターンのことですが）についてのデータベースをできるだけ豊かにして，情報を蓄積しておくことが求められます。もちろん，ここで定石という表現をとるからには，これから多少外れた支援の展開でよい成果をあげることも実際にはありうる，という意味合いが込められています。ただその場合は「流されるように」ではなく，セラピストとしての判断責任で，あえて定石にはない手であるが，変容原理や症状メカニズムの理解からは逸脱していない，という説明ができるようでなければならないでしょう。

困りました

いい定石
あるよ

たくさんの定石を持ち
適切なタイミングで展開しよう

本講義は以上です。ありがとうございました。

⬤ **ま　と　め**

・多くの心の問題について，改善へのステップの基本は，ケースごとにそう大
　きく違わない。症状や困難までの経過，本人の個性や能力，生活状況，家族
　やその他の環境のバリエーションが大きいだけである。
・大切なことは，認知行動療法の実践における定石をふまえ，粘り強く，柔軟
　で創意工夫豊かに，できれば明るく暖かく継続していくことである。

確 認 問 題
TEST 1

以下の事例を読んで，問いに答えなさい。

- -

事例　Ａさん40歳男性（既婚）・会社員（事務職）

・主訴　抑うつ，復職したいが自信がもてない
・家族　妻・娘（小5）・（近所に実両親と弟夫婦）
・生育と経過　出生〜幼少〜中学まで大きな困難なく，まじめなのでリーダーを押しつけられる存在。父親が厳しく2歳下の弟と違い要領が悪くてよく叱られた。父への怯えが強く不在時のみ安堵できた。大学進学で実家を離れ順調。4年間営業職。上司の圧力に耐えきれず退職。転職先（事務職）では安定。入籍。新しい上司との関係が悪化して5年で退職。その直前に娘が誕生。半年ほど無職を経験。地元で実父が紹介する職があり妻が強く押すのでUターン，事務職に就く。5年目に昇進。「ミスが多い」部下の指導についての上司の叱責が負荷となり不眠や体調不良に。6か月休職，復職後1年ほどは安定。再び部下の指導で緊張が高まり，うつ再燃で2度めの休職に。

- -

(1) 本事例について，当を得たケース・フォーミュレーションとするために，追加で補うべき情報としてどのようなものがあるか，多面的に述べなさい。

(2) 本事例について，リアルな改善解消のためにどのような経験や展開が必要か，多面的に述べなさい。

(3) 本事例について，ケース・フォーミュレーションに基づき，セラピストというエージェントにできそうなこととして，どのようなことがあるか多面的に述べなさい。

PART 4　認知行動療法の実践的理解と介入の工夫

確　認　問　題

TEST 2

以下の事例を読んで，問いに答えなさい。

事例　　Ｂさん 32 歳女性（独身）・無職（直前退職）

・主訴　加害の強迫症，外出もできなくなり引きこもり

・家族　父（嘱託職）・母（専）・弟（会社員）

・生育と経過　正常分娩，幼少時から几帳面で心配症傾向があるも活発。中学で手洗い高校では文具や本の管理が気になった。大学ではわりと楽。就職して半年ほどは仕事も遊びも順調。23 歳頃から，書類を渡すときに，クリップやステイプラー針などを含めてないか過度に確認する。仕事全体に時間がかかるように。残業での叱責を受けトラウマに。制服着替えも困難，人とのすれ違いを避ける衝動が強く外出困難に。服薬治療も改善せず，26 歳で退職。アルバイトも続かず引きこもりに。家事も無理になり活動は顕著に低下。

----

(1) 本事例について，当を得たケース・フォーミュレーションとするために，追加で補うべき情報としてどのようなものがあるか，多面的に述べなさい。

(2) 本事例について，症状や困難の維持について説明するために，どのような情報に注目するべきか，多面的に述べなさい。

(3) 本事例について，実際の介入としてどのようなことを行なうか，多面的に述べなさい。

確認問題
TEST 3

以下の事例を読んで，問いに答えなさい。

　事例　　Cさん 23 歳男性・学生（無職）

・主訴　ギャンブル障害
・家族　父（公務員）・母（パート）・実姉は嫁ぐ
・生育と経過　正常分娩，小さい頃から友だちとうまくやっていくほうだった。中学高校であるスポーツで活躍。首都圏の大学へ進学もスポーツ部を2か月で退部。バイト先輩からパチンコ，競馬を教わり，すぐに自分で出かけるように。授業を休みがちになり。仕送りの使い込みをバイトで補い，借金も。2年間で一桁の単位取得。3年途中で休学となり帰省。心療内科でも「うつ症状しか診ない」と言われた。歯の治療のためのお金もギャンブルで使ってしまうなど，嘘を繰り返す。

（1）本事例について，当を得たケース・フォーミュレーションとするために，追加で補うべき情報としてどのようなものがあるか，多面的に述べなさい。

（2）本事例について，リアルな改善解消のためにどのような経験や展開が必要か，多面的に述べなさい。

（3）本事例について，実際の介入としてどのようなことを行なうか，多面的に述べなさい。

解答例

TEST 1

(1)　本文 166 ページを参照。

(2)　本文 169 ページを参照。

(3)　本文 172 ページを参照。

TEST 2

(1)　本文 178 ページを参照。

(2)　本文 179 ページを参照。

(3)　本文 182 ページを参照。

TEST 3

(1)　本文 186 ページを参照。

(2)　本文 188 ページを参照。

(3)　本文 190 ページを参照。

付　録

公認心理師試験で出題された心理学的介入技法

	出題	第1回 試験	第1回 追試	第2回 試験	第3回 試験	第4回 試験
初回面接（インテーク面接）	14	3	2	1	6	2
認知行動療法	10	4	3	1	1	1
ソーシャルスキルトレーニング（SST）	6	3			1	2
心理教育	6	1		2	2	1
リラクセーション法	5	2	1	1	1	
アサーション・トレーニング	4	1		1		2
関与しながらの観察	4	1	1	1		1
行動療法	4	1	1			2
精神分析的心理療法（力動的療法）	4	1	1	1		1
司法面接	4	1	1	1		1
クライエント中心療法	3	2				1
グリーフケア	3			1		2
コンサルテーション	3				1	2
トークン・エコノミー法	3	1	1			1
プレイセラピー（遊戯療法）	3	1			2	
応用行動分析	3			2		1
回想法	3		1	2		
筋弛緩法	3	1	1	1		
社会構成主義的アプローチ	3	1		1	1	
訪問支援（アウトリーチ）	3	2	1			
EMDR	2		1	1		
アクセプタンス＆コミットメント・セラピー	2					2
アドバンス・ケア・プランニング	2			1		1
系統的脱感作法	2	1			1	
ケース・フォーミュレーション	2	1				1
ゲシュタルト療法	2					2
構成的グループエンカウンター	2				2	
コーピング	2		1		1	
サイコロジカル・ファーストエイド	2	2				
自律訓練法	2	1				1
セルフ・モニタリング	2	1				1

タイムアウト	2		1			1
動機づけ面接	2				1	1
ピアサポート	2	1				1
フォーカシング	2	1		1		
ペアレント・トレーニング	2			1	1	
マインドフルネス	2	1	1			
モデリング	2	1	1			
森田療法	2	2				
動作法	2	1	1			
内観療法	2	1				1
エクスポージャー	2	1				1
問題解決技法	2		1			1
論理情動行動療法	2		1			1
PECS	1			1		
TEACCH	1					1
アウトリーチ	1					1
アクティブラーニング	1					1
アロマザリング	1				1	
遺伝カウンセリング	1				1	
エビデンスベイスト・アプローチ	1	1				
エンパワメント	1				1	
家族療法	1	1				
感情制御	1					1
管理監督者研修	1				1	
嫌悪療法	1					1
コーチング	1				1	
司法場面における認知面接	1					1
自由連想法	1	1				
ジョイニング	1	1				
情緒的サポート	1					1
心理的デブリーフィング	1	1				
スキーマ療法	1					1
ストレスマネジメント	1		1			
精神分析療法	1					1
センサリー・アウェアネス	1			1		
ソシオメトリー	1	1				
対人関係療法	1					1
対人プロセス想起法	1				1	
チームティーチング	1	1				
デブリーフィング	1		1			
統合的心理療法	1					1
ドリームボディ	1			1		
認知療法	1	1				

パーソン・センタード・ケア	1				1	
バイオフィードバック	1					1
バリデーション	1		1			
フェルトセンス	1			1		
弁証法的行動療法	1					1
ホームワーク	1					1
マザリーズ	1				1	
ミラーリング	1				1	
瞑想	1				1	
モデリング	1					1
リアリティ・オリエンテーション	1		1			
リフレーミング	1	1				
レスパイト	1			1		
ロールプレイ	1				1	
外的代償法	1			1		
危機介入	1	1				
機能分析	1	1				
構造化面接	1		1			
行動実験	1	1				
催眠療法	1		1			
自己教示訓練法	1		1			
自律訓練法	1		1			
集団療法	1			1		
対人関係療法	1	1				
内的記憶戦略法	1			1		
半構造化面接	1			1		
反復訓練	1			1		
非構造化面接	1	1				
閉じられた質問	1		1			
領域特異的知識の学習	1			1		

引用・参考文献

PART 1

下山晴彦（編）(2017). 臨床心理フロンティアシリーズ　認知行動療法入門　講談社
スミス, P.・ペリン, S.・ユール, W.・クラーク, D. M.・スタラード, P.　下山晴彦（監訳）(2013). 子どもと家族の認知行動療法3：PTSD　誠信書房
スタラード, P.　松丸未来・下山晴彦（監訳）(2020). 子どものための認知行動療法ワークブック　金剛出版
スタラード, P.　松丸未来・下山晴彦（監訳）(2020). 若者のための認知行動療法ワークブック　金剛出版
スタラード, P.　下山晴彦（監訳）(2013). 子どもと家族の認知行動療法2：不安障害　誠信書房
スタラード, P.　下山晴彦（監訳）・松丸未来（訳）(2022). ［決定版］子どもと若者の認知行動療法ハンドブック　金剛出版
スタラード, P.・グリーン, L.　下山晴彦（監訳）(2013). 子どもと家族の認知行動療法4：摂食障害　誠信書房
ヴァーダイン, C.・ロジャーズ, J.・ウッド, A.　下山晴彦（監訳）(2013). 子どもと家族の認知行動療法1：うつ病　誠信書房
ウェイト, P.・ウィリアムズ, T.　下山晴彦（監訳）(2013). 子どもと家族の認知行動療法5：強迫障害　誠信書房
ウエストブルック, D.・ケナリー, H.・カーク, J.　下山晴彦（監訳）(2012). 認知行動療法臨床ガイド　金剛出版
山上敏子・下山晴彦 (2010). 山上敏子の行動療法講義 with 東大・下山研究室　金剛出版

PART 2

堀越 勝・野村俊明 (2012). 精神療法の基本：支持から認知行動療法まで　医学書院
小堀彩子・神村栄一 (2015). スクールカウンセリングにおける認知行動療法の活用　精神療法, *41*, 210-225.
小坂井秀幸・神村栄一 (2013). 臨床ゼミ 認知行動療法中級レッスン：エキスパートに学ぶ11の秘訣　Lesson11 不登校支援の王道を極める7つの秘訣：教育療育相談系 (2)　臨床心理学, *13*, 281-288.
黒沢幸子・元永拓郎・森 俊夫 (2013). 冥界！スクールカウンセリング：読んでスッキリ理解編　金子書房
奥田健次 (2012). メリットの法則：行動分析学・実践編　集英社新書
奥田健次・小林重雄 (2009). 自閉症児のための明るい療育相談室：親と教師のための楽しいABA講座　学苑社

PART 3

赤木 稔 (1989). 新・行動療法と心身症：行動医学への展開　医歯薬出版
下山晴彦（編）(2009). よくわかる臨床心理学　改訂新版　ミネルヴァ書房

PART 4

岡嶋美代・原井宏明 (2013). やめたいのに，やめられない：強迫性障害は自分で治せる　マキノ出版
下山晴彦・神村栄一（編）(2020). 認知行動療法〔改訂版〕（放送大学教材）　NHK出版
鈴木伸一・神村栄一 (2013). レベルアップしたい実践家のための事例で学ぶ認知行動療法テクニックガイド　北大路書房

索　引

執筆者紹介

監 修

下山晴彦（しもやま・はるひこ）

跡見学園女子大学心理学部 教授　博士（教育学）
【主著】
臨床心理アセスメント入門　金剛出版　2008 年
臨床心理学をまなぶ1　これからの臨床心理学　東京大学出版会　2012 年
臨床心理学をまなぶ2　実践の基本　東京大学出版会　2014 年
誠信 心理学辞典 新版（編集代表）　誠信書房　2014 年
公認心理師必携　精神医療・臨床心理の知識と技法（編著）　医学書院　2016 年
臨床心理フロンティアシリーズ　認知行動療法入門（監修・著）　講談社　2017 年

編集 [講義]

下山晴彦（しもやま・はるひこ）…PART 1

監修

熊野宏昭（くまの・ひろあき）…PART 3

早稲田大学人間科学学術院 教授　博士（医学）
【主著・論文】
ストレスに負けない生活　ちくま新書　2007 年
マインドフルネスそして ACT へ　星和書店　2011 年
新世代の認知行動療法　日本評論社　2012 年
認知行動療法入門（共著）　講談社　2017 年
瞑想と意識の探求　サンガ新社　2022 年

小堀彩子（こほり・あやこ）…PART 2

大正大学心理社会学部 准教授　博士（教育学）
【主著・論文】
公認心理師必携　精神医療・臨床心理の知識と技法（分担
　執筆）　医学書院　2016 年
シリーズ心理学と仕事 8　臨床心理学（分担執筆）　北大
　路書房　2017 年
公認心理師技法ガイドライン　臨床の場で役立つ実践のす
　べて（分担執筆）　文光堂　2019 年
公認心理師スタンダードテキストシリーズ③　臨床心理学
　概論（分担執筆）　ミネルヴァ書房　2020 年

神村栄一（かみむら・えいいち）…PART 4

新潟大学人文社会科学系 教授　博士（心理学）
【主著・論文】
学校でフル活用する認知行動療法　遠見書房　2014 年
認知行動療法実践レッスン：エキスパートに学ぶ 12 の極意
　（共著）　金剛出版　2014 年
不登校・ひきこもりのための行動活性化　金剛出版　2019 年

編集協力 [講義メモ・確認問題]

宮川　純（みやがわ・じゅん）

河合塾 KALS 講師（心理系大学院受験対策講座担当）
【主著】
公認心理師・臨床心理士大学院対策 鉄則 10 ＆ キーワード 100 心理学編　講談社　2014 年
公認心理師・臨床心理士大学院対策 鉄則 10 ＆ キーワード 25 心理統計編　講談社　2015 年
受験カウンセリング：心理学が教えてくれる上手に学ぶ秘訣 40　東京図書　2015 年
臨床心理フロンティア　公認心理師のための「基礎科目」講義　北大路書房　2020 年
赤本 公認心理師国家試験対策 2022　講談社　2021 年
臨床心理フロンティア　公認心理師のための「心理査定」講義　北大路書房　2021 年

臨床心理フロンティア

公認心理師のための「心理支援」講義

2022 年 7 月 10 日　初版第 1 刷印刷	定価はカバーに表示
2022 年 7 月 20 日　初版第 1 刷発行	してあります。

監　修　者　　下　山　晴　彦
編　著　者　　下　山　晴　彦
　　　　　　　小　堀　彩　子
　　　　　　　熊　野　宏　昭
　　　　　　　神　村　栄　一

発　行　所　　（株）北 大 路 書 房
〒 603-8303　京都市北区紫野十二坊町 12-8
電話　（075）431-0361（代）
FAX　（075）431-9393
振替　01050-4-2083

編集・デザイン・装丁 上瀬奈緒子（綴水社）　イラスト かわいしんすけ
印刷・製本 亜細亜印刷（株）
©2022　ISBN978-4-7628-3198-0　Printed in Japan
検印省略　落丁・乱丁本はお取り替えいたします

シリーズ
臨床心理フロンティア

監 修 下山晴彦 編集協力 宮川 純

公認心理師のための「基礎科目」講義

宮川 純・下山晴彦・原田隆之・金沢吉展 編著

B5 判・224 頁・本体 3000 円＋税
ISBN978-4-7628-3097-6 C3311

PART 1 では心理学の学び方入門，PART 2 では臨床心理学
入門，PART 3 ではエビデンスベイストプラクティスの基本，
PART 4 では心理職の職業倫理について学べる。いずれも講義
メモおよび確認問題を付し，自身の習得度をチェック可。

公認心理師のための「発達障害」講義

桑原 斉・田中康雄・稲田尚子・黒田美保 編著

B5 判・224 頁・本体 3000 円＋税
ISBN978-4-7628-3045-7 C3311

PART 1 では障害分類とその診断の手続き，PART 2 では心理
職の役割について，PART 3 では自閉スペクトラム症に焦点を
あてたその理解（アセスメント）の方法，PART 4 ではその支
援について学べる。

学び続ける！
実践で活きる知識と技能を手にするために

**講義動画と組み合わせて
重要なテーマを学べるシリーズ**

現代臨床心理学を牽引するエキスパートによる講義を再現。
講義で取り上げた用語やキーワードは「講義メモ」で丁寧に補足し，
内容理解が深まる「確認問題」と「付録」つき。

公認心理師のための「心理査定」講義

下山晴彦・宮川　純・松田　修・国里愛彦 編著

B5 判・224 頁・本体 3100 円＋税
ISBN978-4-7628-3155-3　C3311

PART 1 では心理査定の技法全体を，PART 2 ではパーソナリティ検査や発達検査等のさまざまな心理検査法の概要を解説。そのうえで PART 3 では知能検査，PART 4 では神経心理学的検査を臨床場面でどう活用するのかも示す。

公認心理師のための「心理支援」講義

下山晴彦・小堀彩子・熊野宏昭・神村栄一 編著

B5 判・224 頁・本体 3100 円＋税
ISBN978-4-7628-3198-0　C3311

PART 1 では子どもへの認知行動療法（CBT）の適用を，PART 2 では学校における CBT，PART 3 では医療における CBT の活用について具体的に解説。さらにPART 4ではケース・フォーミュレーションをキーワードに CBT の実践的理解と介入の工夫を学ぶ。